NÄHIDEEN

DIE ORDNUNG SCHAFFEN

SABINE HAAG

NÄHIDEEN
DIE ORDNUNG SCHAFFEN

Tolle Nähprojekte rund ums Aufräumen, Verstauen, Sortieren und Ordnen

WARUM ICH **ORDNUNG** LIEBE

„Ordnung ist das halbe Leben" – dieser Spruch hat mich als Kind immer etwas irritiert. Das halbe Leben lang soll ich aufräumen? Das klang nicht nach Spaß und auch nicht nach einer erstrebenswerten Aufgabe. Dass diese Botschaft ein bisschen anders zu verstehen ist, erschloss sich mir erst später, aber im Grunde ist das egal. Wie den meisten Menschen wurde mir so unbewusst beigebracht, dass Aufräumen und Ordnunghalten eine Bürde sind und keine Freude bereiten. „Ordnung schaffen" oder „Ordnung machen" hört sich nach Arbeit an, nach großen Aufräumaktionen und Disziplin. Wer räumt schon gerne auf? Oder wer mistet voll Elan seine Schränke aus? Oder putzt gar mit Begeisterung?

Seltsamerweise hatte ich schon als Kind viel Spaß am Ordnen und Arrangieren. Zum Leidwesen meiner Eltern legte ich nicht nur die Buntstifte farblich sortiert in meine Schubladen, sondern beschriftete auch den Inhalt unserer Speisekammer bis ins kleinste Detail oder ordnete Blumenvasen nach Größe und Beschaffenheit.
Etwas ganz anderes, das ich von meiner Leidenschaft für Ordnung völlig getrennt sah, war allerdings das leidige Wegräumen meiner Schuhe von der Garderobe oder das Bettenmachen nach dem Aufstehen. Das eine war Spaß, das andere lästige Pflicht.
Im Grunde war (und ist) es immer das Ergebnis, das mich glücklich machte. Alles ist schön ordentlich, clean, es strahlt Klarheit, Sauberkeit und Übersichtlichkeit aus – was wir uns alle für unser Zuhause wünschen. Es ist unsere Belohnung für die Mühe, die wir investieren. Dass dazu aber nicht nur ein nach Farben sortiertes Bücherregal, sondern auch weggeräumte Schuhe gehören, verstand ich erst später. Die Schuhe gehörten damals in die Kategorie „Ordnung ist das halbe Leben".

DAS LEBEN IST ZU KURZ FÜR KOMPLIZIERTE AUFRÄUMAKTIONEN

So beschäftigten mich von dieser Zeit an die Fragen: Wie kann man das Aufräumen vereinfachen? Was muss man tun, damit das Ausmisten nicht das halbe Leben in Anspruch nimmt, sondern Freiheit und Freiraum gibt für schöne Dinge? Wie kann Ordnung Zeit sparen? Unser Dasein ist so voll von wunderbaren Möglichkeiten, die wir nicht verpassen sollten, nur weil wir gerade aufräumen müssen.
Wir brauchen also ein, zwei Dinge in unserem Haushalt, die uns den täglichen Kampf gegen das Chaos erleichtern. Unkompliziert sollen sie sein, leicht zu nutzen und nicht aufwendig. „Unaufgeregt" finde ich ein tolles Wort für solche Sachen, da sie unauffällig und ohne großes Trara, aber effektiv ihren Dienst versehen. Nun kann man natürlich loslaufen und im Laden nach praktischen Dingen wie Aufbewahrungsboxen und Utensilos schauen. Oder man näht sich seine persönlichen Ordnungshelfer selbst. Das hat den besonderen Vorteil, dass sie nicht nur farblich perfekt zur Einrichtung passen, sondern auch unsere eigenen Bedürfnisse berücksichtigen. Ein Single braucht keine 20-Liter-Wäschetonne und ein 5-Personen-Haushalt kommt kaum mit einem einzigen Einkaufsbeutel aus. Was wir brauchen, sind individuelle Lösungen, die uns das Leben erleichtern!

ORDNUNG MUSS LEICHT SEIN!

Alle Nähideen, die ich euch vorstelle, haben ein paar Gemeinsamkeiten:

- Sie sind einfach zu nähen! Keines der Projekte in diesem Buch ist kompliziert – alle sind von Nähanfängern problemlos zu meistern und mit einer ganz normalen Maschine ohne besonderen Schnickschnack herzustellen.
- Sie sind einfach zu nähen (ja, ich wiederhole mich), denn ich bin der Ansicht, dass Ordnung halten leicht gehen muss. So hat es wirklich keinen Sinn, dafür Sachen anzufertigen, die in ihrer Herstellung Stunden oder Tage benötigen – wir wollen ja eigentlich Zeit sparen!
- Sie überlisten die Bequemlichkeit. Das häufigste Argument, warum man unordentlich ist, ist die eigene Bequemlichkeit. Die Ideen sind so konzipiert, dass sie einfach und effektiv unseren ganzen Kram aufnehmen. Ohne großes Sortieren, Herumfriemeln oder Klappen und Deckel, die geöffnet werden müssen. Denn eines ist klar: Jeder Behälter, der erst geöffnet werden muss, ist ein Behälter, der leer bleibt. Es ist praktischer, alles davor fallen zu lassen. Also Kampf der Faulheit mit leicht zugänglichen Aufbewahrungsmöglichkeiten!

Inspiration und viel Motivation möchte ich mit diesem Buch verbreiten – Ordnung kann leicht und unkompliziert sein! Einfach den Ballast vergessen, den wir mit den klassischen Aufräumthemen verbinden, und einen eigenen Weg finden, das Leben ein bisschen ordentlicher zu gestalten.

Damit die Ordnung noch ein wenig einfacher wird, sind alle Schnittmuster inklusive füßchenbreiter Nahtzugabe (7 mm) gezeichnet – sie können also direkt auf den Stoff übertragen und ohne weitere Zugaben ausgeschnitten werden.

Sabine Haag

Der perfekte Kleider-schrank

Beim Thema Ordnung gibt es einen Bereich, der den meisten als Erstes einfällt: der Kleiderschrank. Wäre ein superordentlicher Schrank nicht grandios? Einer, in dem nur Dinge hängen, die einem wirklich stehen und mit denen man glücklich ist? Vielleicht sogar eine begehbare Variante, in der man alles ganz wunderbar auf einen Blick sehen kann?
Ein perfekter Kleiderschrank ist der Traum vieler!

Ich räume meinen Schrank sehr gerne auf, da ich zu meiner Kleidung ein wirklich liebevolles Verhältnis pflege. Denn die Kleidungsstücke haben täglich einen wichtigen Job zu erledigen: mich gut aussehen zu lassen und meine Vorzüge optimal zu präsentieren. Aber bevor unser Kleiderschrank ordentlich und übersichtlich vor uns stehen kann, muss erst einmal gründlich ausgemistet werden!

ALLES MUSS RAUS

Ja, räumt alle Kleidungsstücke aus. Wenn ihr viel besitzt, so teilt es ein bisschen nach Bereichen auf: alle Oberteile, alle Hosen etc. Und dann wird sortiert.

Es gibt zwei Methoden, die ich beide sehr sinnvoll finde. Probiert einfach aus, womit ihr am besten zurechtkommt oder was euch mehr liegt.

METHODE 1

Der gesamte Schrank ist ausgeräumt. Nun werden alle Sachen anprobiert, die man nicht gerade in den letzten Wochen täglich anhatte. Und ihr solltet ALLES, was ihr nicht wirklich oft tragt, anprobieren! Das Shirt hochhalten und denken „Das passt bestimmt noch" hilft nicht. Denn vielleicht sitzt es mittlerweile zu eng oder hat einen ausgefransten Kragen oder ein Minilöchlein, das man erst sieht, wenn das Material gedehnt ist. Aussortiert wird nun, was nicht mehr passt und/oder gefällt oder was man im letzten Jahr nicht getragen hat. Das ist simpel und funktioniert recht gut.

ABER – als Aufräumprofi muss ich gestehen: Dazu benötigt man Disziplin und/oder Zeit. Wann hatte ich die Bluse tatsächlich das letzte Mal an? Was mache ich mit dem Abendkleid, wenn ich seit drei Jahren keinen Anlass mehr hatte, es zu tragen? Gilt die Regel auch für saisonale Kleidung wie Skiunterwäsche? Und: Wie lange braucht man eigentlich, um den gesamten Kleiderschrank durchzuprobieren?

Ich komme sehr gut mit dieser Ausmist-Methode zurecht, da man alles in einem Rutsch erledigt hat. Wer ein bisschen mehr Zeit benötigt, dem empfehle ich die zweite Herangehensweise.

METHODE 2

Diese Methode funktioniert gerade in unseren Breitengraden recht gut. Denn hier gibt es den klassischen Saisonwechsel zwischen Frühjahr/Sommer und Herbst/Winter. Das machen wir uns zunutze!

Wir starten wieder mit dem Ausräumen des Schrankes. Denn ein gründliches Durchwischen befreit nicht nur von Wollmäusen, sondern beugt auch unliebsamen Besuchern wie Motten vor. Und ich meine es ganz ernst: wirklich alles herausnehmen, denn nur so kann sich nichts verstecken und nachher könnt ihr alles schick ordentlich einräumen.

Dann wird aussortiert, was offensichtlich weg kann. Also Kleidungsstücke, die uns nicht mehr passen oder die wir nicht mehr mögen. Wenn man sich auf jedes einzelne Stück kurz konzentriert, dann weiß man schnell, ob man es behalten möchte oder lieber verschenkt, spendet oder verkauft. Aber es gibt auch Teile, bei denen wir uns nicht sicher sind – an denen unser Herz hängt, die einmal sehr teuer waren oder Ähnliches.

Alle übrig gebliebenen Stücke teilen wir nun nach den beiden Saisons „Herbst/Winter“ und „Frühling/Sommer“ auf. Viele machen das aus Platzmangel, uns gibt es einen prima Überblick. Damit nicht alle Teile wochenlang herumliegen, hängen bzw. legen wir alles aus der aktuellen Saison zurück in den Schrank.

Denn nun kommt der praktische Alltagstest: Wir ziehen jeden Tag etwas aus dieser „Kollektion“ an. Ganz bewusst. Den roten Pullover, der einmal ein tolles Schnäppchen war, aber dessen Farbe uns immer ein bisschen zu auffällig ist. Den edlen Blazer, den wir seit Jahren schonen. Ganz schnell wird uns auf diese Weise klar, ob das Kleidungsstück noch zu uns passt. Am Ende des Tages darf es dann in unseren perfekten Schrank einziehen oder einen neuen Weg nehmen.

Damit es ersichtlich bleibt, was wir schon getragen haben und was bleiben darf, hängen wir alles im Schrank auf die rechte Seite. Schon Getragenes wandert dann nach links, bis wir alles einmal durchprobiert haben. Bei Shirts nutzen wir zwei (oder mehrere) Stapel für genutzte und noch nicht probierte Teile.

Das Einzige, was ihr nicht machen dürft, ist schummeln! Ihr hattet euch entschieden, der engen Jeans eine Chance zu geben? Tut es! Die Karobluse ist für Gartenarbeit? Wenn in dieser Saison keine angefallen ist, wird sie es auch in der nächsten nicht tun …

Wenn der Schrank schließlich ausgemistet und nur mit wunderbaren Dingen gefüllt ist, dann soll er so perfekt bleiben! Die Kleidung, die wir jetzt besitzen, lieben wir und möchten lange Freude an ihr haben. Sie macht uns glücklich und verdient es, gepflegt, wertgeschätzt und liebevoll behandelt zu werden. Das fängt bei einer sorgsamen Wäsche der Sachen an und setzt sich fort mit einer guten Aufbewahrung.

BÜGELMARKIERUNG

EINE MARKIERUNG AM KLEIDERBÜGEL ist mein ganz persönlicher Ordnungstipp für alle, die gerne wirklich organisiert sind! Die praktischen Lederbändchen zeigen sofort, wenn ein Kleidungsstück repariert werden muss. Oder man möchte daran erinnert werden, dass das Kleid unbedingt bei der nächsten Gelegenheit auf seine Alltagstauglichkeit überprüft werden sollte.

Vielleicht mag man sich am Wochenende in aller Ruhe überlegen, was man in der kommenden Woche anziehen möchte? Dazu einfach das Outfit mit einer Wochentagsmarkierung versehen und man hat morgens keinen Stress mehr vor dem Kleiderschrank! Die Beschriftung des Bändchens lässt sich übrigens ganz leicht wieder entfernen und austauschen.

KINDERKLEIDUNG MARKIEREN Das Markierungssystem mit Wochentagen ist übrigens superpraktisch für Kinder! Einmal alle Outfits zum Beginn der Woche festlegen und die morgendlichen Diskussionen haben sich erledigt.

GRÖSSE
ca. 7 cm

MATERIAL
- Lederband, 2 cm breit, pro Schild 7 cm lang
- Beschriftungsgerät

1 Das abgeschnittene Lederstück mit einem unteren Abschluss in der gewünschten Form verzieren.

2 Mit einem Bürolocher ein Loch in das obere Ende des Bandes stanzen.

3 Einmal rundherum absteppen.

4 Mit dem Beschriftungsgerät die gewünschte Bezeichnung ausdrucken und aufkleben.

Outfit des Tages auf einen Blick

ACCESSOIRE-SÄCKCHEN

ALLES AUF EINEN GRIFF! Das Kleid sitzt wunderbar – aber wo ist der passende Gürtel? Oder die antike Brosche, ohne die das Wickelkleid immer ein bisschen zu viel Dekolleté preisgibt? Manche Kleidungsstücke haben liebgewonnene Partner, die sie erst richtig in Szene setzen. Was spricht also dagegen, den perfekten Gürtel gleich zum Kleid zu sortieren?

Für Accessoires, die nicht so leicht aufzuhängen sind, sind kleine Säckchen praktisch, die direkt an den Kleiderbügel geknotet werden. So kann das passende Tüchlein oder die Haarspange sauber und sicher verstaut werden.

GRÖSSE

ca. 12 cm x 22 cm

MATERIAL

- Feiner Baumwollstoff mit Punktemuster in Grau, 2x 13 cm x 23 cm
- Kordel oder schmales Band in Hellgrau, 40 cm

1 Die Stoffteile an der rechten und linken Seitenkante jeweils ca. 0,5 cm zur linken Stoffseite einschlagen und umbügeln. Knappkantig absteppen.

2 Am oberen Rand jeweils 2 cm doppelt einschlagen, feststecken und einen Tunnel nähen.

3 Beide Stoffteile rechts auf rechts zusammenstecken, die Seitennähte und die untere Naht schließen. Die Seitennähte enden an der Nahtlinie des Tunnelzugs. Wer es besonders ordentlich mag, benutzt französische Nähte.

4 Das Säckchen auf rechts wenden.

5 Das Band durch den Tunnel ziehen, die Enden zusammenknoten.

BESTER DURCHBLICK **Nutzt man für das Säckchen transparente Stoffe wie Tüll oder leichten Gardinenstoff, dann hat man den Inhalt gleich im Blick.**

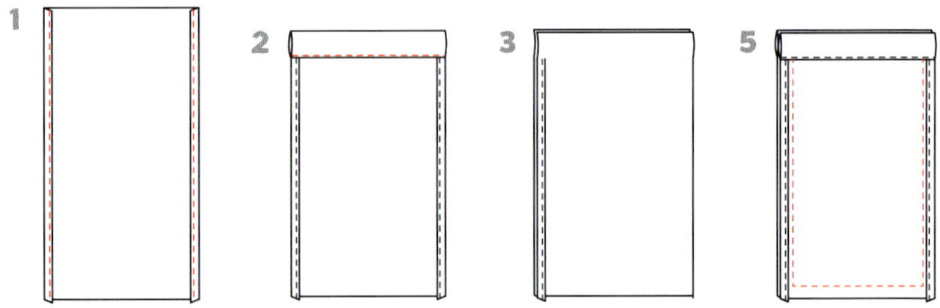

Das passende Accessoire gleich angehängt

KLEIDERSACK

WENN MAN EINEN BEGEHBAREN oder offenen Kleiderschrank besitzt, sind Staub und Licht fiese Gegner. Besonders dunkle Stoffe leiden unter Ausbleichen und Verstauben. Deshalb ist es sinnvoll, diejenigen Kleidungsstücke, die man nicht oft trägt oder die empfindlich sind, mit einer Hülle zu schützen. Aus eigener leidvoller Erfahrung weiß ich, dass man dabei am besten immer Stoff- statt Kunststoffüberzügen den Vorrang geben sollte. Frisch aus der Reinigung können Dämpfe, die unter Plastik bleiben, die Fasern angreifen und verfärben.

GRÖSSE

ca. 140 cm x 67 cm

MATERIAL

- Fester Baumwollstoff in Weiß, 145 cm x 140 cm
- Reißverschluss in Weiß, 50 cm

SCHNITTMUSTERBOGEN B

ZUSCHNITT

- Schnittteil „Kleidersack“, für die Abschrägung der Schulter auflegen

1 Den Stoff in Längsrichtung rechts auf rechts zur Hälfte legen und die offene Seitenkante zusammennähen, dabei ab 5 cm vom oberen Rand über 50 cm (Länge des Reißverschlusses) die größte Stichlänge benutzen. Vor Beginn und nach dem Ende der größten Stichlänge jeweils mit dem Normalstich kurz vor und zurück nähen und so die Naht verriegeln.

2 Den Stoff so falten, dass die beiden bisherigen Seitenkanten in der Mitte übereinander liegen. Den gefalteten Stoff bügeln und die Seiten feststecken.

3 Den Reißverschluss ca. 5 cm vom oberen Rand beginnend auf den Nahtabschnitt mit der großen Stichlänge stecken, dabei nur die Stofflage mit der Naht erfassen. Die Vorderseite des Reißverschlusses zeigt zum Stoff.

4 Den Reißverschluss von links einnähen, indem er füßchenbreit festgesteppt wird. Am oberen und unteren Ende mehrfach quer über die Zähnchen nähen, um die Enden zu fixieren. Nun die großen Stiche unter dem Reißverschluss vorsichtig auftrennen.

5 Den unteren Saum des Kleidersacks mit einer Quernaht durch beide Stoffschichten schließen. Damit alles schön ordentlich versäubert ist, kann dort eine französische Naht verwendet werden.

6 An der Oberkante den Saum rundum knapp doppelt einschlagen und knappkantig absteppen.

7 Das Schnittmuster an die Oberkante anlegen, das Schulterteil zeigt dabei zum äußeren Rand. Die Schulterlinie anzeichnen und den überstehenden Stoff abschneiden.

8 Die Schulterlinie links auf links absteppen. Durch den Reißverschluss wenden und mit einer weiteren (französischen) Naht nochmals abnähen.

9 Wieder auf die rechte Seite wenden und nochmals bügeln.

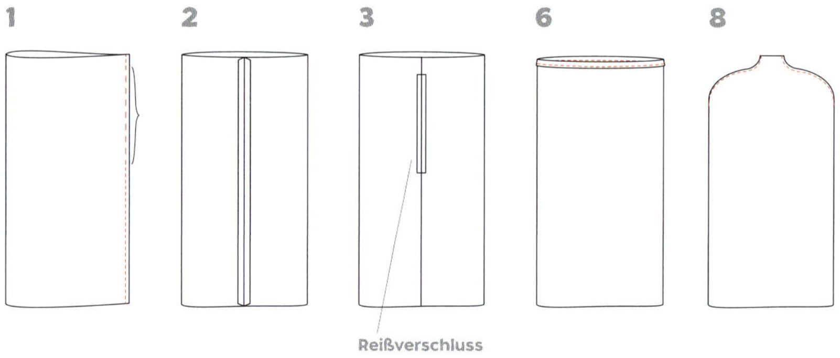

Perfekter
Lichtschutz
für empfind-
liche Stoffe

SCHULTERSCHUTZ

WER IN SEINEM SCHRANK DEN ÜBERBLICK BEHALTEN MÖCHTE, der ist mit einem kleinen Überwurf für die Schultern ganz prima ausgestattet – alles ist gut geschützt und man sieht das Kleidungsstück dennoch.

Zwei Fliegen mit einer Klappe schlägt man, wenn man den Schulterschutz gleich mit Lavendel ergänzt. Davon riechen die Sachen nicht nur angenehm, es hält auch die Motten ab.

GRÖSSE

ca. 58 cm x 30 cm

MATERIAL

- Fester Baumwollstoff in Weiß, 130 cm x 70 cm
- Tüll in Weiß, 2x 26 cm x 20 cm
- Getrocknete Lavendelblüten

SCHNITTMUSTERBOGEN B

ZUSCHNITT

- Schnittteil „Schulterschutz", 4x aus Baumwollstoff

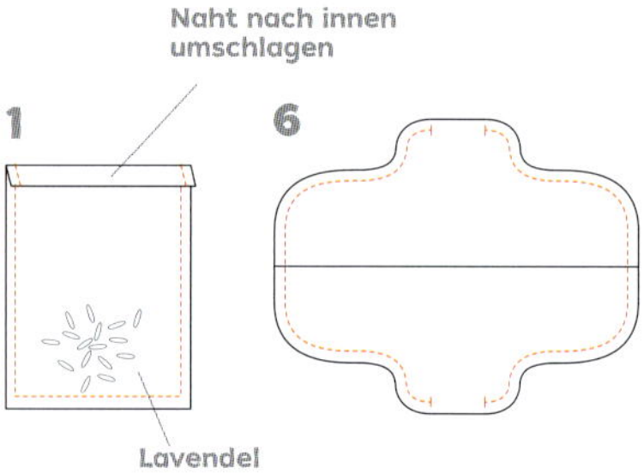

1 Aus den Tüll-Rechtecken ein Säckchen nähen: Dafür die beiden Tüllstücke rechts auf rechts an drei Seiten zusammennähen. Lavendel einfüllen, die obere Kante umschlagen und das Säckchen auf das Vorderteil nähen. Wer den Lavendel später austauschen möchte, näht ein separates Säckchen, das man mit zwei Druckknöpfen befestigen kann.

2 Jeweils zwei der zugeschnittenen Stoffteile für den Schulterschutz rechts auf rechts aufeinanderlegen und zusammenstecken.

3 An der langen geraden Seite zusammennähen.

4 Umdrehen, sodass die rechten Seiten außen liegen, und bügeln.

5 Wieder aufklappen und die beiden Teile komplett rechts auf rechts aufeinanderlegen – Außenstoff auf Außenstoff, Innenstoff auf Innenstoff. Das aufgenähte Lavendelsäckchen liegt dabei innen.

6 Feststecken und zusammennähen, wobei die Öffnung oben offen gelassen wird (siehe Abb. links).

7 Die Ecken vorsichtig einschneiden und alles durch eine der oberen Öffnungen wenden. Alles gut bügeln, dabei die Nahtzugaben der Öffnungen jeweils nach innen bügeln.

8 Innen- und Außenstoff ineinanderziehen und alle Lagen nochmals bügeln.

9 Nun alle Lagen an der Öffnung knappkantig rundum zusammennähen – so als ob man ein großes Knopfloch nähen möchte.

SCHUBLADENBOXEN

MIT KLEINEN KÖRBCHEN lässt sich ein perfekt angepasstes Schubladeninnenleben gestalten. Mehrere nebeneinander gestellt sind optimal zum Sortieren von Unterwäsche, Strümpfen oder modischen Accessoires. Einfach die Teile zu kleinen Päckchen falten und aufrecht hineinstellen – so hat man immer einen wunderbaren Überblick über seine Sachen und gibt ihnen einen stilvollen Ort, wo man sie wertschätzen kann.

GRÖSSE

ca. 21 cm x 15 cm x 15 cm

MATERIAL

- Baumwollstoff in Weiß, 51 cm x 90 cm
- Vlieseinlage, 51 cm x 45 cm

SCHNITTMUSTERBOGEN A

ZUSCHNITT

- Schnittteil „Schubladenboxen“, 2x aus Stoff, 1x aus Vlieseinlage

Hinweis: Die Box kann auch aus Filz oder veganem Leder genäht werden – dann benötigt man keinen Innenstoff und auch keine Vlieseinlage.

1 Die Vlieseinlage passgenau auf die linke Seite eines zugeschnittenen Stoffteils legen und aufbügeln.

2 Beide Stoffteile rechts auf rechts übereinanderlegen und alle oberen Kanten schließen.

3 Nun die offenen Ecken auseinanderziehen, sodass jeweils die Kanten des Außen- und des Innenstoffs aufeinanderliegen.

4 Die vier Öffnungen schließen, dabei eine Wendeöffnung dort lassen, wo zwei Innenstoffe aufeinander treffen.

5 Wenden und die beiden Korbschichten ineinanderziehen.

6 Den oberen Rand knappkantig absteppen und die Wendeöffnung im Innenstoff von Hand schließen.

7 Auf Wunsch den Rand nach außen umklappen.

2

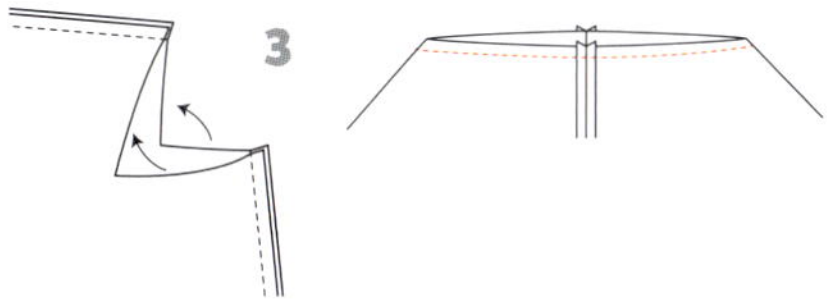

HANDTASCHENBEUTEL

HANDTASCHEN SIND LICHTSCHEUE WESEN: Sie gehören in den Schatten. Da Leder eine Haut ist, reagiert es auf Sonneneinstrahlung. Diese kann leicht zu Verfärbungen und Flecken führen. Besonders schade ist es, wenn man eine Tasche dekorativ im Regal platziert und nur der vordere Teil verfärbt oder ausbleicht.. Also besser in einen Schutzbeutel hüllen und erst dann ins Regal stellen!

GRÖSSE

Kleiner Beutel ca. 50 cm x 50 cm
Großer Beutel ca. 53 cm x 66 cm

MATERIAL

KLEINER BEUTEL

- Baumwollstoff mit Bienenmuster in Grau, 2x 52 cm x 52 cm
- Kordel oder Band in Weiß, 140 cm

GROSSER BEUTEL

- Baumwollstoff mit Bienenmuster in Grau, 2x 55 cm x 20 cm
- Dünner Fleecestoff oder Flanell in Grau, 2x 55 cm x 48 cm
- Kordel oder Band in Weiß, 140 cm

KLEINER BEUTEL

1 Die Stoffteile an der rechten und linken Seitenkante jeweils ca. 0,5 cm zur linken Stoffseite einschlagen und umbügeln. Knappkantig absteppen.

2 Am oberen Rand jeweils 2 cm doppelt einschlagen, feststecken und einen Tunnel nähen.

3 Beide Stoffteile rechts auf rechts zusammenstecken, die Seitennähte und die untere Naht schließen. Die Seitennähte enden an der Nahtlinie des Tunnelzugs. Wer es besonders ordentlich mag, benutzt französische Nähte.

4 Den Beutel auf rechts wenden.

5 Das Band durch den Tunnel ziehen, die Enden zusammenknoten.

GROSSER BEUTEL

1 Je ein Rechteck aus Fleecestoff und aus Baumwollstoff an der langen Kante rechts auf rechts aufeinanderlegen und zusammennähen. Nahtzugaben auseinanderbügeln.

2 Die Stoffteile rechts auf rechts zusammenstecken, die Seitennähte und die untere Naht schließen. Wer es besonders ordentlich mag, benutzt französische Nähte.

3 8 cm vom oberen Rand entfernt ein Knopfloch einnähen.

4 Den oberen Rand jeweils 3 cm doppelt einschlagen, sodass das Knopfloch nach außen zeigt, feststecken und einen Tunnel nähen.

5 Den Beutel auf rechts wenden.

6 Das Band durch das Knopfloch in den Tunnel ziehen.

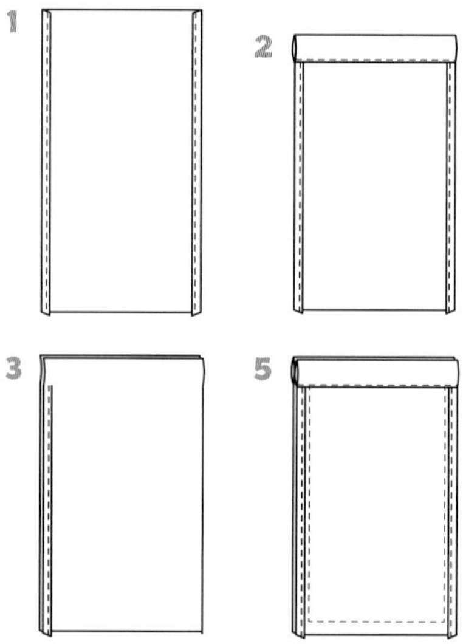

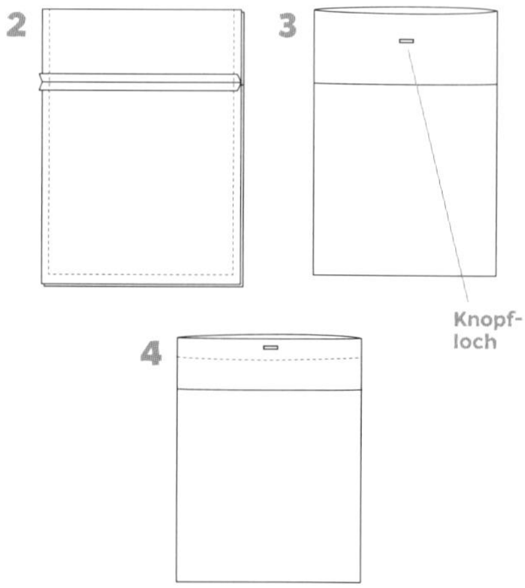

HANDTASCHEN INNEN SÄUBERN **Nach dem Ausräumen schüttelt man die Tasche am besten erst einmal aus. Trotzdem bleiben immer Krümel in den Ecken hängen! Da helfen meist auch keine feuchten Tücher, um sie herauszubekommen. Sehr gut funktioniert es jedoch mit einer Fusselrolle oder einem großen Stück Klebeband, das man sich um die Hand wickelt.**

Handtaschen
lieben den
Schatten!

SCHUHAUFBEWAHRUNG

WER KEINEN SCHUHSCHRANK HAT oder einen Teil seiner Schuhe auslagern möchte, wird viel Freude an dem hängenden Utensilo haben. Oder man nutzt es für Tücher, Gürtel und andere Accessoires.

Da es an einem Kleiderbügel aufgehängt ist, lässt es sich ganz flexibel einsetzen. Vielleicht findet es ja seine nächste Station als Wandbehang im Kinderzimmer?

GRÖSSE

ca. 42 cm x 113 cm

MATERIAL

- Baumwollstoff in Weiß für die Rückwand, 2x 110 cm x 45 cm
- Vlieseinlage für die Rückwand, 2x 110 cm x 45 cm
- Baumwollstoff mit Punktemuster in Grau, 3x 94 cm x 55 cm
- Vlieseinlage für die Taschen, 3x 94 cm x 55 cm
- Baumwollstoff in Weiß für die Aufhängeschlaufe, 2x 29 cm x 24 cm
- Kleiderbügel mit Querstange

1 Die Vlieseinlage auf beide Rückwandteile sowie auf alle Taschenteile bügeln.

2 Die drei Rechtecke für die Taschen rechts auf rechts in Längsrichtung falten und bügeln. Die offene Längskante füßchenbreit zusammennähen, die Schmalseiten offen lassen.

3 Alle Taschenteile wenden, bügeln und die Umbruchkante knappkantig absteppen.

4 Die Taschenstreifen gemäß Zeichnungen in Falten legen, feststecken und dann mit Druck bügeln.

5 Nun die Taschen auf der Vorderseite des Rückwandstoffes ausrichten: Vom unteren Rand 5 cm abmessen, dort die Unterkante der ersten Tasche platzieren und den Taschenstreifen am Rand feststecken.

6 Die beiden anderen Taschenstreifen jeweils im Abstand von 5 cm darüber feststecken.

7 Die Enden der Taschenstreifen rechts und links füßchenbreit festnähen, den unteren Rand der Taschen ebenfalls feststeppen.

8 Damit Fächer entstehen, nun die Taschen noch in den Zwischenräumen absteppen. Dabei darauf achten, dass die Falten nicht mit angenäht werden.

9 Vorder- und Rückteil des Rückwandstoffes rechts auf rechts zusammenstecken. Die Taschen liegen dabei innen.

10 Die Längsseiten und die Unterkante der Rückwand zusammennähen. Dabei darauf achten, dass die Taschenfalten nicht erfasst werden!

11 Alles wenden und gut bügeln.

12 Die Stoffteile für die Aufhängeschlaufe nun rechts auf rechts legen, feststecken und füßchenbreit zusammennähen. Dabei eine Längsseite offen lassen, wenden und bügeln.

2

4

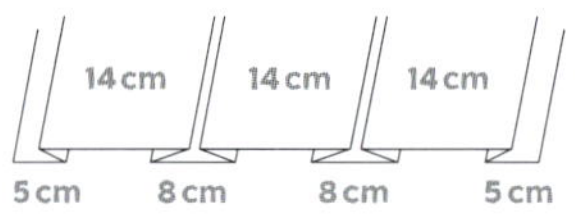

5

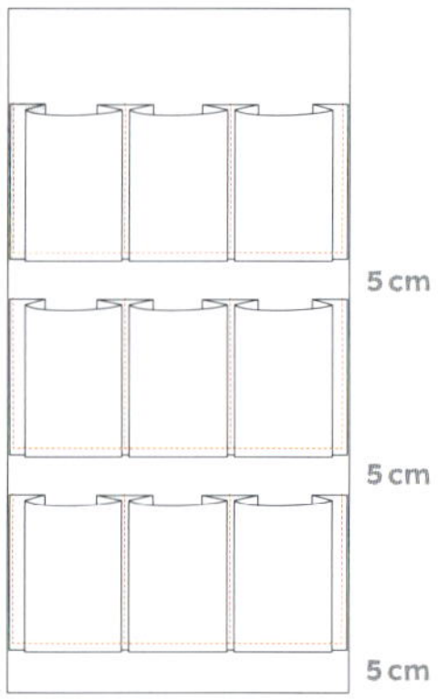

15

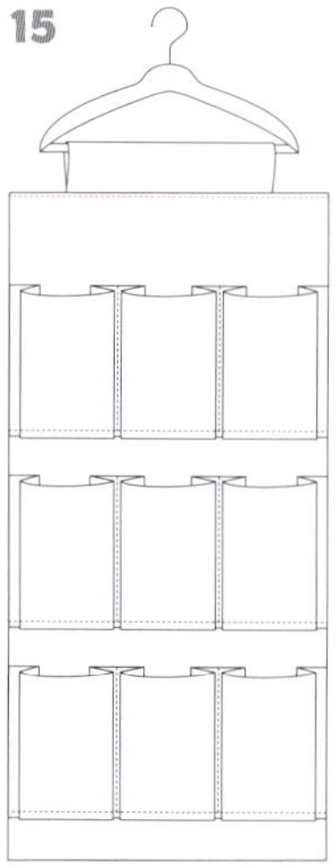

13 Den oberen Rand des Rückwandstoffes 1 cm nach links einschlagen und umbügeln.

14 Das Schlaufenteil um die Querstange des Kleiderbügels legen und die offenen Kanten in die Öffnung der Rückwand schieben.

15 Die Aufhängeschlaufe feststecken und den oberen Rand der Rückwand knappkantig zusammennähen, sodass die Schlaufe mitgefasst wird. Wer mag, kann nun noch Verzierungen anbringen.

STIEFELSPANNER SELBST GEMACHT
Die Stiefel können in den Winterschlaf? Für jedes Stiefelpaar ein Paar Stiefelspanner zu kaufen, ist ein teurer Spaß. Mein Trick: Eine leere Wasserflasche in den Schaft schieben – so bekommen die Stiefel keine Knicke. Genauso gut funktionieren übrigens zusammengerollte Zeitungen. Sie haben den zusätzlichen Vorteil, dass sie vorhandene Feuchtigkeit aufnehmen.

Hegen & Pflegen

Irgendwann ist das etwas verstaubt klingende „Hegen und Pflegen" aus der Mode gekommen. In allen Lebensbereichen sind der schnelle Konsum und das genauso schnelle Entsorgen mittlerweile gang und gäbe. Glücklicherweise gibt es jetzt einige Bewegungen, die dagegen angehen – und auch unsere Umwelt hat ganz bestimmt keine Einwände gegen das nur scheinbar unzeitgemäße Pflegen unserer Sachen.

Gerade bei der Kleidung sind wir schnell dabei, Shirts, Shorts und Co. auszusortieren, wenn sie nicht mehr dem aktuellen Trend entsprechen oder wegen minderer Qualität die Saison nicht überlebt haben. So frustrierend es im ersten Moment auch klingen mag: In einem perfekten Kleiderschrank ist kein Platz für Billigklamöttchen, die uns weder wunderbar in Szene setzen noch von guter Qualität sind.

Alle Kleidungsstücke, die wir in dem mittlerweile aufgeräumten Kleiderschrank untergebracht haben, lieben wir. Wir wertschätzen sie und freuen uns täglich darauf, sie auszuführen. Oder einen Kaffee darüberzukippen. Nun, auf Letzteres freuen wir uns weniger, aber es passiert.

Also ab damit in die Wäsche! Unsere Kleidung verdient nun eine pflegliche Behandlung, um wieder frisch und sauber zu werden. Wolle wird mit Wollwaschmittel sanft gereinigt und vorsichtig liegend getrocknet. Unsere Seidenbluse bekommt eine schonende Wäsche in der Waschmaschine und die BHs drehen eine ganz sachte Runde in einem Wäschesäckchen.

Denn Ordnung bedeutet nicht nur „aufräumen". Ordnung besteht auch darin, unseren Besitz sorgsam zu behandeln, ihm Beachtung zu schenken, ihn zu pflegen oder ihn liebevoll in den Händen zu halten. Trotzdem steht am Anfang immer das ganz profane Wäschesortieren, Waschmaschinefüllen und Trocknen. Aber hier gibt es ebenfalls praktische Helfer, die das leidige Thema Wäsche etwas erleichtern.

Damit Knöpfe dauerhaft fest sitzen und beim Waschen nicht verloren gehen, sollte man den Knopffaden verstärken, indem man ihn mit Kerzenwachs einreibt. Sehr gut funktioniert auch Zahnseide als Nähgarn, die sehr widerstandsfähig ist.

- Ein ausreichend großer Wäschesack ist wichtig, damit er nicht schon nach zwei Shirts überquillt. Säcke haben den Vorteil, dass sich empfindliche Stücke dort nicht wie in Körben an Geflecht oder Kanten verfangen können. Zudem sind sie leichter zu transportieren, sodass schon ganz kleine Mitbewohner dabei helfen können.

- Sinnvoll ist immer eine Trennung der Kleidung nach Farben schon beim Ausziehen. Denn nicht selten passiert es, dass das rote feuchte Fußballshirt in einem Kleiderhaufen unschöne Verfärbungen auf der weißen Seidenbluse hinterlässt. Eine eindeutige Markierung, was wo hineingehört, vermeidet Verwirrung beim Rest der Familie!

- Und ganz wichtig: Nasse oder feuchte Sachen gehören nicht in den Wäschesack! Die Kleidung nimmt sonst nicht nur einen muffigen Geruch an, sondern kann auch schimmelig werden.

WÄSCHETONNEN

WEISSE WÄSCHE RECHTS, farbige Wäsche links – das ist ganz einfach zu erkennen an der farbigen Markierung.

Für diese großen Wäschetonnen eignet sich Stoff am besten, der etwas fester ist und „Stand" hat. Ich habe in diesem Fall Markisenstoff verwendet, der zusätzlich den Vorteil hat, dass er imprägniert ist. Auch Planenstoff würde gut funktionieren. Möchte man ein anderes Material nehmen, so ist es sinnvoll, die Tonne doppelschichtig zu nähen und den Stoff zusätzlich mit einer festen Vlieseinlage oder Ähnlichem zu versteifen.

GRÖSSE

ca. 60 cm hoch, 35 cm ⌀

MATERIAL

- Fester Baumwollstoff in Weiß für die Seitenwand, 114 cm x 65 cm
- Fester Baumwollstoff in Weiß für den Boden, 37 cm x 37 cm
- Fester Baumwollstoff in Weiß für die Henkel, 2x 13 cm x 55 cm

SCHNITTMUSTERBOGEN A

ZUSCHNITT

- Schnittteil „Wäschetonne Boden" 1x

1 Den Stoff für die Seitenwand der Tonne rechts auf rechts zur Hälfte falten und zusammennähen. Die Nahtzugaben versäubern, da der Korb ungefüttert ist.

2 Den Boden gemäß Schnittmuster zuschneiden. Rrundum rechts auf rechts an den Seitenwandschlauch stecken und absteppen, die Nahtzugaben versäubern.

3 Den oberen Rand ca. 3 cm breit doppelt einschlagen und absteppen.

4 Die Stoffstreifen für die Henkel in Längsrichtung rechts auf rechts zur Hälfte falten und bügeln. Ein Ende und die lange Seite feststecken und beides mit einer Naht absteppen.

5 Ecken abschneiden, den Streifen wenden und die Nahtzugabe des offenen Endes 1 cm nach links einschlagen. Knappkantig einmal rundherum absteppen, wobei die verbliebene Öffnung mit geschlossen wird.

6 Die Henkel nun ca. 18 cm unterhalb des oberen Randes feststeppen, die Enden sind jeweils 13 cm voneinander entfernt. Dabei zunächst ein Quadrat rundherum und dann noch einmal in der Mitte über Kreuz nähen, damit sie stabil befestigt sind.

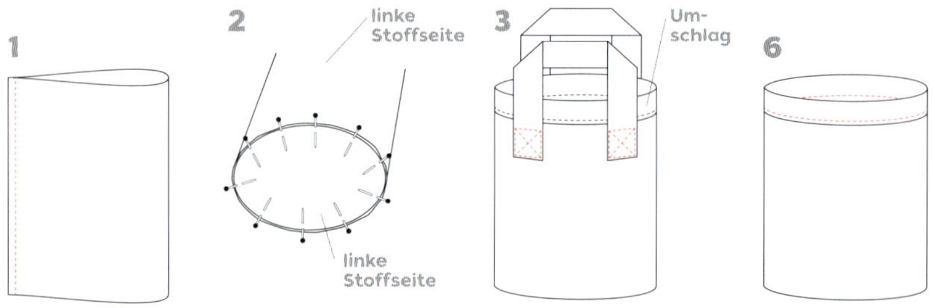

FALTENFREIE BÜGELWÄSCHE **Niemals ein Kleidungsstück sofort nach dem Bügeln wegräumen! Das führt dazu, dass sich neue Falten bilden. Stattdessen ein paar Minuten liegen und in Ruhe abkühlen lassen. Dann können die Teile problemlos und ordentlich in den Schrank gelegt werden.**

Wer mag, stellt eine dritte Tonne für dunkle Wäsche auf. So geht das Sortieren noch viel fixer!

KLAMMERBEUTEL

Perfekt zum einhändigen Herausangeln von Klammern

WÄSCHEKLAMMERBEUTEL haben eine wichtige Bedingung zu erfüllen: Man muss einhändig und ohne große Mühe die Klammern herausangeln können. Ein Stickrahmen ist dafür wie gemacht, denn er sorgt dafür, dass die Öffnung schön groß ist und nicht zufallen kann. Hängt man ihn an einer Stelle auf, klappt er automatisch nach unten und es kann nichts herausfallen.

GRÖSSE

ca. 35 cm hoch

MATERIAL

- Stickrahmen aus Holz, 20 cm ø
- Baumwollstoff in Mint mit geometrischem Muster, 65 cm x 40 cm
- Schmales Satinband in Mint, 20 cm
- Optional: Pomponborte, 63 cm

1 Den Stoff in Querrichtung links auf links zur Hälfte falten und die Längs- sowie eine Querseite zusammennähen, die Nahtzugabe zurückschneiden und mit einer französischen Naht schließen.

2 Wer möchte, kann eine Borte zur Verzierung rundherum ca. 5 cm vom oberen Rand entfernt annähen.

3 Den Stoffbeutel auf rechts wenden und von unten in den Rahmen einspannen, sodass ca. 4 cm Stoff oben herausschauen – dabei die Falten gleichmäßig verteilen.

4 Den Rand des Beutels einmal nach links umschlagen und über den inneren Rahmen ziehen. Rundherum feststecken und möglichst unsichtbar per Hand festnähen.

5 Zum Abschluss den Beutel so in den Rahmen ziehen, dass die Naht zwischen den beiden Rahmenringen liegt und nicht mehr sichtbar ist. Den Beutel mit dem Band aufhängen.

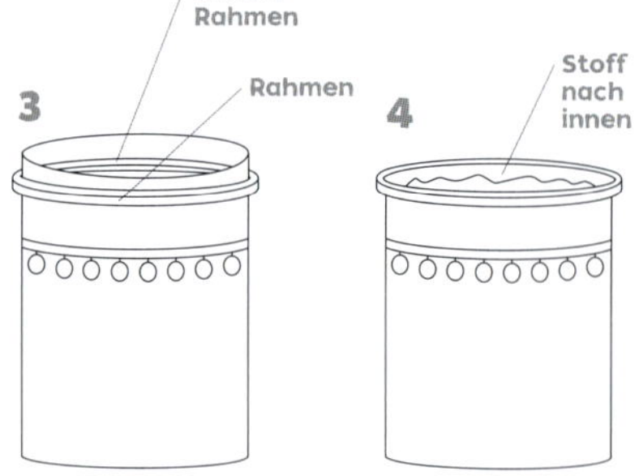

WÄSCHESÄCKCHEN

WÄSCHESÄCKCHEN KANN MAN NIEMALS GENUG HABEN! Denn sie nehmen nicht nur empfindliche Wäsche auf, sondern sind auch prima, wenn man Kinderspielzeug wie Lego eine Runde in der Waschmaschine drehen lassen möchte. Achte bei der Stoffwahl darauf, dass das Material bis 40 Grad waschbar ist.

GRÖSSE

ca. 38 cm x 33 cm

MATERIAL

- Mesh- oder Gardinenstoff in Weiß, 2x 40 cm x 35 cm
- Schmales Satinband in Mint, 90 cm

1 Die Stoffteile aufeinanderlegen und gut zusammenstecken, da das Material sehr rutschig ist. Die Seitennähte und die untere Naht schließen. Wer es besonders ordentlich mag, benutzt französische Nähte.

2 Etwa 3 cm vom oberen Rand entfernt ein Knopfloch einnähen.

3 Den oberen Rand jeweils 1 cm doppelt einschlagen, sodass das Knopfloch nach außen zeigt, feststecken und einen Tunnel nähen.

4 Das Säckchen auf rechts wenden und das Band durch das Knopfloch in den Tunnel ziehen.

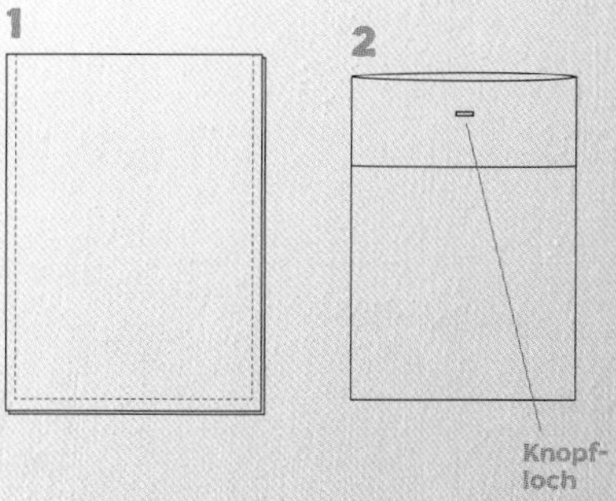

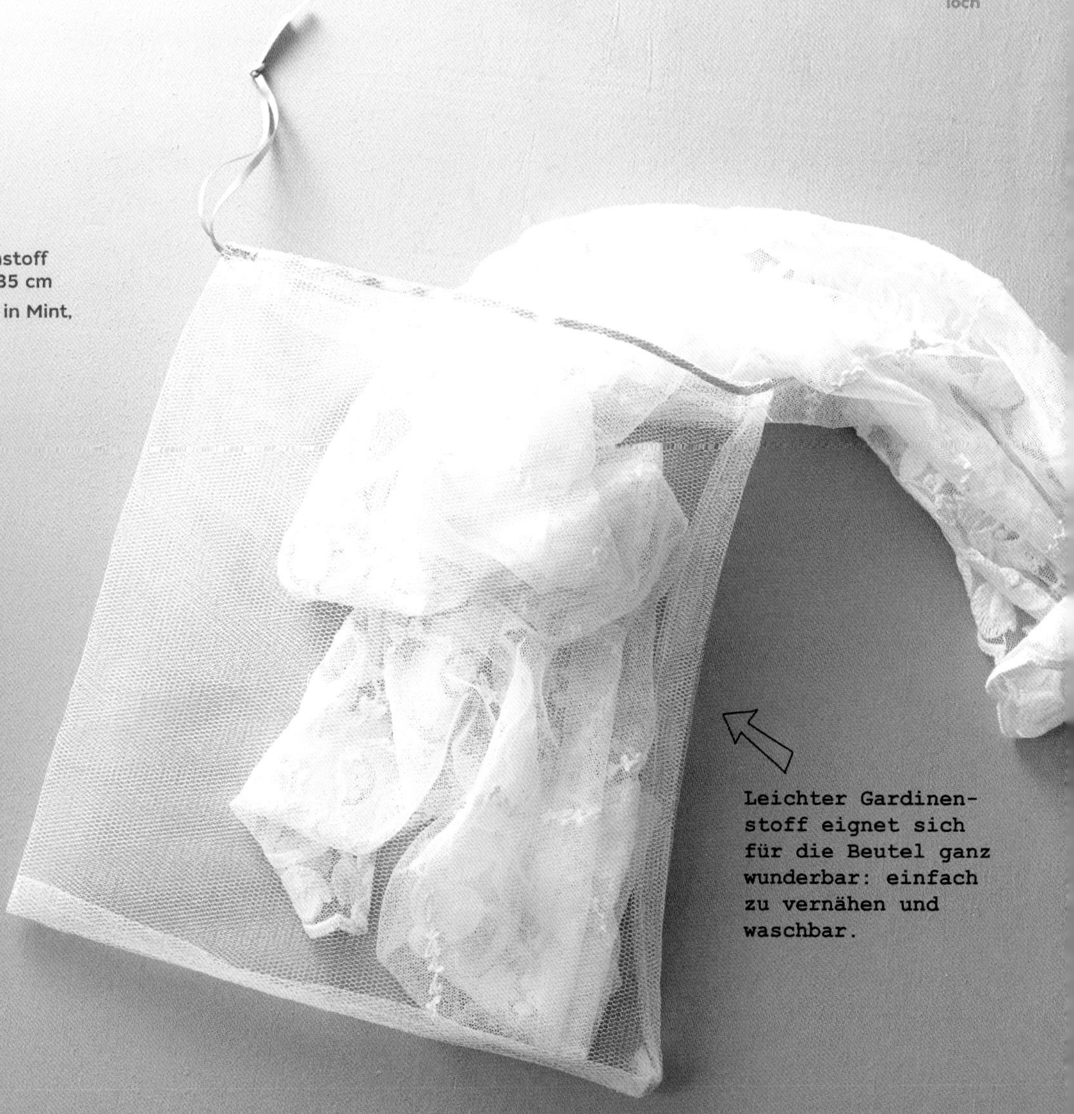

Leichter Gardinenstoff eignet sich für die Beutel ganz wunderbar: einfach zu vernähen und waschbar.

LIP GLOSS
BACK STAGE
Read Me
ordnungsliebe.net
bebusybee.blogspot.de
geheiratet.blogspot.de

Im Reisefieber

Ordnung auf Reisen? Uff, das hört sich anstrengend an – als ob man das, womit man daheim kämpft, nun auch noch an den schönsten Tagen im Jahr fortsetzen soll.

Aber es ist das Gegenteil! Je ordentlicher wir uns im Urlaub organisieren, desto stressfreier wird es. Schon auf einer Kurzreise oder wenn man den Koffer aus unterschiedlichen Gründen nicht auspacken kann, macht sich gut geordnetes Gepäck bezahlt. Das Herumwühlen im Trolley ist nämlich nervenaufreibend: Nichts ist auf Anhieb zu finden, alles wird zerknautscht und zum Schluss hat man dann doch alles ausgeräumt.

EFFIZIENZ IST DAS ZAUBERWORT

Wirklich praktisch ist es, nach Nutzen oder Anwendungsgebieten zu packen. Das klingt erst einmal seltsam, ist aber ganz einfach: Gleiches kommt zu Gleichem!
Was später im Bad gebraucht wird, wird zusammengepackt. Bikini, Pareo und Sonnenbrille bekommen eine gemeinsame Tasche. Alle Shirts werden gemeinsam verstaut und auch die Unterwäsche kommt in einen separaten Beutel.

Sehr praktisch für dieses Verstauen der „Kleiderreisegruppen" sind Packtaschen oder kleine Beutel. Wird am Urlaubsort alles ausgepackt, so nimmt man einfach die Tasche mit den Shirts und räumt sie in den Schrank. Kein Herumgesuche und Durcheinander – der Stapel T-Shirts liegt nun ordentlich im Fach.
Für Bikini und Badeanzug ist ein wasserfestes Täschchen bei mir immer dabei. Das ist insofern wichtig, da ich am letzten Tag gerne noch einmal ins Meer hüpfe und den nassen Bikini nur ungern direkt in den Koffer lege. In der Tasche liegt er gut und auch verschwitztes Sportzeug passt prima dort hinein.
Ein Wort zur Schmutzwäsche: Bei uns wird am Anfang des Urlaubs ein Koffer ausgewählt, der uns als großer Schmutzwäschebeutel dient. Geht es zurück in die Heimat, kommt die gebrauchte Wäsche je nach Menge einfach komplett in ein Gepäckstück oder in einen Wäschesack. Von Outdoorausrüstern gibt es Vakuumbeutel, die das Volumen der Schmutzwäsche ganz erheblich reduzieren. Packt man ein Trocknertuch dazu, dann riecht sie auch noch annehmbar, wenn man den Beutel zu Hause wieder entleert.
Die nachfolgenden praktischen Tipps tragen zusätzlich zur ungetrübten Urlaubsfreude bei:

Mit Vakuumbeuteln lässt sich das Volumen von Wäsche erheblich reduzieren.

1. SCHWERES NACH UNTEN

Als Erstes platziert man im Koffer alles Schwere wie beispielsweise das Beautycase und die Schuhe. Sie kommen auf die Seite, wo die Räder sind. So ist nicht nur der Schwerpunkt des Koffers unten und er kippt nicht so leicht um, sondern das Gewicht drückt in der aufrechten Position auch nicht auf die anderen Teile. Wenn ihr die Schuhe zusätzlich mit Socken ausstopft oder ein Brillenetui hineinschiebt, werden sie nicht verknautscht.

2. VORHER INFORMIEREN

Um Gepäck zu sparen, lohnt es sich oft, im Vorfeld mit dem Hotel Kontakt aufzunehmen. So könnt ihr vielleicht das Allergikerkopfkissen zu Hause lassen. Gerade in kinderfreundlichen Anlagen gibt es viele Dinge, die man nicht mitnehmen muss. Einfach kurz anrufen – das Housekeeping hilft einem weiter!

3. ICH KLEB DIR WAS!

Nicht nur Männer werden diesen Tipp schätzen: Nehmt Klebeband mit, zum Beispiel Leukoplast oder ein anderes medizinisches Klebeband. Es ist ein wahres Wunder an Möglichkeiten, die Rettung in den unterschiedlichsten Situationen! So ist es super für Reparaturen, hilft Blasen an den Füßen zu verhindern oder bei Verletzungen einen Verband zu improvisieren. Daneben eignet es sich übrigens ideal, um den Luftstrom einer zugigen Klimaanlage abzublocken – das ist wirklich wichtig, wenn man sich keine fiese Erkältung holen möchte.

STRANDTASCHE

EINE STRANDTASCHE MUSS GROSS SEIN. Was natürlich den Nachteil hat, dass man nichts mehr in ihr findet. Um wildes Wühlen am Strand zu vermeiden, bekommt diese Tasche kleine Karabinerhaken verpasst, an die man jede Menge Täschchen hängen kann. Kein lästiges Suchen mehr nach dem Bikini – denn er befindet sich in seinem eigenen Bikinibag, der leicht zu finden an seinem Haken befestigt ist. Und sollte einmal etwas feucht geworden sein, so lassen sich die Schlaufen einfach nach außen hängen.

Zusätzlich hat die Strandtasche Außenfächer für Flip Flops oder Sonnenmilchflaschen. Sie ist so konzipiert, dass durch die Höhe der Tasche die darin verstauten Sachen nicht herausfallen können. Somit hat man einen schnellen Zugriff und doch geht nichts unterwegs verloren.

1 Den Stoff für die Außentaschen in Längsrichtung links auf links zur Hälfte falten, umbügeln und die Bruchkante knappkantig absteppen.

2 Die Vlieseinlage auf den Außenstoff bügeln.

3 Jeweils ein Außentaschenteil auf ein Außenstoffteil legen, sodass alle offenen Kanten am unteren Rand liegen. Im Abstand von ca. 10 cm (kann variiert werden) die Taschen absteppen.

4 Die Außenstoffe rechts auf rechts aufeinanderlegen und an der Seite und unten zusammennähen.

5 Für die Tiefe des Taschenbodens auf beiden Seiten jeweils Seiten- und Bodennaht auseinanderfalten und beide Nähte aufeinanderlegen, die unteren Ecken flachbügeln und 5 cm breit mit einer Quernaht absteppen. Das überstehende Stoffdreieck abschneiden.

6 Das Innenfutter ebenso zusammennähen und ebenfalls eine Bodenfalte absteppen.

7 Die kurzen Stoffstreifen für die Ringe und den langen Streifen für den Henkel in Längsrichtung rechts auf rechts zur Hälfte falten und an der Längskante zusammennähen. Wenden und an beiden Längskanten knappkantig absteppen. Jeweils einen kurzen Stoffstreifen durch einen Ring ziehen.

8 Außentasche und Innenfutter rechts auf rechts ineinanderstellen und den oberen Rand zusammenstecken. Dabei rechts und links an den Seitennähten die kurzen Stoffstreifen mit den Ringen mit einfassen, sodass die Ringe nach innen und die offenen Enden zur Stoffkante zeigen.

9 Ebenso die Bänder durch die Ringe der Karabinerhaken ziehen und die Haken an den Bändern nach innen hängend mit feststecken.

10 Den oberen Rand zusammennähen, dabei eine Wendeöffnung offen lassen.

11 Die Tasche wenden und den Rand gut bügeln. Dabei sollte der Rand ca. 1 mm nach innen kippen, damit die Karabiner in das Innenteil ragen.

12 Den Rand von rechts knappkantig absteppen.

13 Den Regulator auf den Taschenhenkel fädeln. Den Henkel so durch die beiden Ringe ziehen, dass die Außenseite des Regulators nach oben zeigt und die Henkelenden nach innen zur Taschenöffnung hin. Jedes Ende einmal umschlagen und ein Ende am Ring, das andere am Mittelsteg des Regulators festnähen.

3

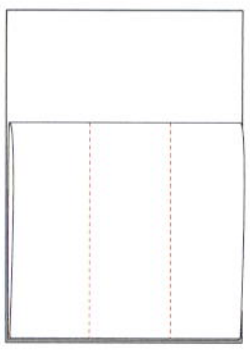

4

5

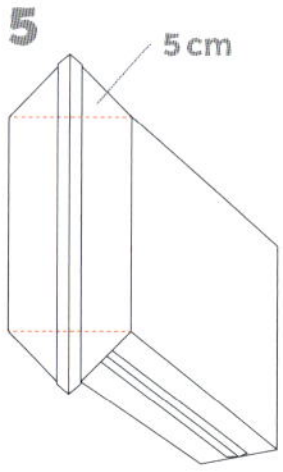

7

9

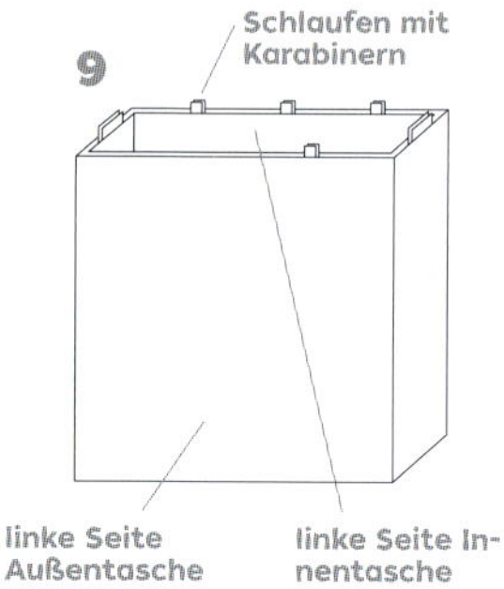

GRÖSSE

ca. 43 cm x 48 cm

MATERIAL

- Ober- und Futterstoff: fester Baumwollstoff in Weiß mit Muster in Koralle, 4x 45 cm x 50 cm
- Vlieseinlage, 2x 45 cm x 50 cm
- Stoff für die Außentasche: fester Baumwollstoff in Weiß mit Muster in Koralle, 2x 45 cm x 40 cm
- Stoff für den Henkel: fester Baumwollstoff in Hellblau-Weiß gestreift, 130 cm x 9 cm
- Karabinerhaken, 3 cm
- Bänder für die Karabiner, je 8-10 cm lang
- Eckige Ringe, 3 cm breit
- Regulator, 3 cm breit

GEPÄCK SPAREN Einfach die große Strandtasche als Handgepäck nutzen – so gibt es schon ein Teil weniger einzupacken.

KULTURTASCHE

MEINE LIEBSTE URLAUBSTASCHE! Denn diese große Kosmetiktasche bietet nicht nur genug Platz für Kosmetikartikel und Haaraccessoires, sondern ebenso für Unterwäsche oder Kabelsalat.

1 Die Vlieseinlage auf den Außenstoff bügeln.

2 Ein Außenstoffteil mit der rechten Seite nach oben hinlegen und den Reißverschluss mit der Vorderseite nach unten an der oberen Längskante platzieren, sodass der Rand des Reißverschlusses an der Stoffkante liegt.

3 Ein Futterstoffteil mit der rechten Seite nach unten auf den ersten Außenstoff und den Reißverschluss legen, feststecken und alle drei Lagen füßchenbreit absteppen. Die Stofflagen umklappen, sodass die freie Seite des Reißverschlusses an der Oberkante liegt.

4 Das zweite Außenstoffteil mit der rechten Seite nach oben hinlegen. An der oberen Längskante die freie Vorderseite des Reißverschlusses platzieren, sodass der Rand des Reißverschlusses wiederum an der Stoffkante liegt. Es liegen nun beide Außenstoffe etwas verschoben aufeinander.

5 Das zweite Futterstoffteil mit der rechten Seite nach unten ebenfalls auf den Reißverschluss legen (Futter liegt auf Futter).

6 Alle Lagen zusammennähen.

7 Die Stoffe auseinanderfalten, sodass die Vorderseite des Reißverschlusses in der Mitte liegt, bügeln und am Reißverschluss knappkantig absteppen.

8 Den Stoffstreifen für die Schlaufe in Längsrichtung rechts auf rechts zur Hälfte falten, eine Quernaht und die Längsnaht schließen. Ecken abschneiden, wenden, die offene Seite einschlagen und rundherum knappkantig absteppen, wobei die Öffnung geschlossen wird.

9 Nun die Tasche zusammenfalten, sodass die Außenstoffe aufeinanderliegen. Rundherum feststecken und die untere Längsseite zusammennähen. Nahtzugaben zurückschneiden und mit Zickzackstich versäubern.

10 Den Reißverschluss bis zur Hälfte öffnen. Die Längsnaht auf den Reißverschluss legen. Am geschlossenen Ende des Reißverschlusses die Schlaufe zwischen den beiden Lagen platzieren, sodass sie nach innen zeigt.

11 Alle Lagen feststecken und zusammennähen.

12 Auf der anderen Seite wiederholen, wobei der Reißverschluss noch immer geöffnet ist. Die Zähnchen müssen beim Feststecken etwas überlappen.

13 Nahtzugaben zurückschneiden und die Kanten versäubern.

14 An allen vier Ecken jeweils Seitennaht und Längskante auseinanderfalten und beide aufeinanderlegen, die Ecken flachbügeln und 10 cm breit mit einer Quernaht absteppen. Die überstehenden Stoffdreiecke abschneiden, Kanten versäubern.

15 Den Reißverschluss ganz öffnen und die Tasche auf rechts wenden.

TASCHE MIT AUSLAUFSCHUTZ **Näht man die Tasche mit einem abwaschbaren Futter, ist sie der perfekte Kulturbeutel!**

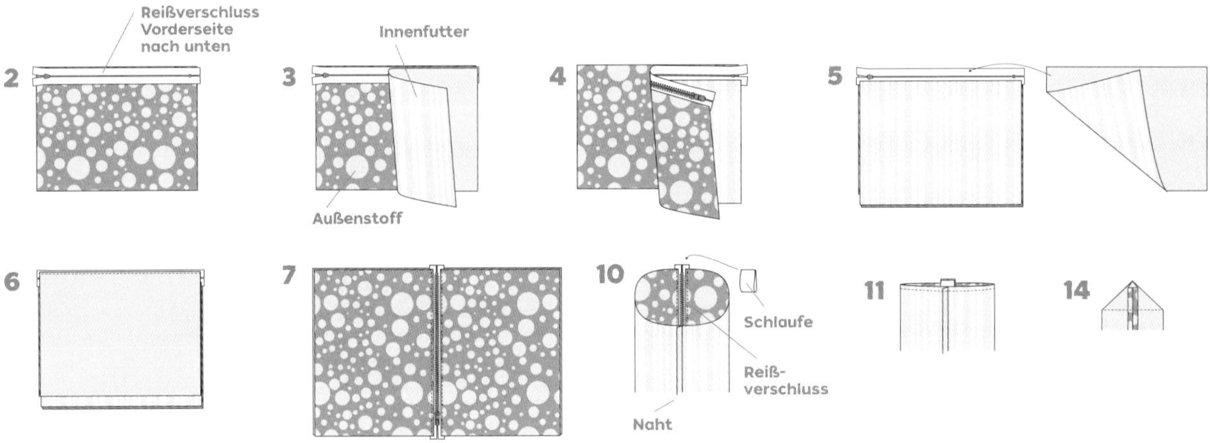

Ein vielseitiger Begleiter

GRÖSSE

ca. 22 cm lang

MATERIAL

- Außenstoff: Baumwollstoff in Grau mit Muster, 2x 33 cm x 24 cm
- Futterstoff: Baumwollstoff in Altrosa oder Wachstuch, 2x 33 cm x 24 cm
- Vlieseinlage, 2x 33 cm x 24 cm
- Stoff für Schlaufe: Baumwollstoff in Altrosa, 9 cm x 3,5 cm
- Reißverschluss in Rost, 35 cm

SCHUHTASCHE

IN DER ETWAS GRÖSSEREN VARIANTE der Reißverschlusstasche lässt sich optimal ein Paar Schuhe unterbringen.

1 Die Vlieseinlage auf den Außenstoff bügeln.

2 Ein Außenstoffteil mit der rechten Seite nach oben hinlegen und den Reißverschluss mit der Vorderseite nach unten an der oberen Längskante platzieren, sodass der Rand des Reißverschlusses an der Stoffkante liegt.

3 Ein Futterstoffteil mit der rechten Seite nach unten auf den ersten Außenstoff und den Reißverschluss legen, feststecken und alle drei Lagen füßchenbreit absteppen. Die Stofflagen umklappen, sodass die freie Seite des Reißverschlusses an der Oberkante liegt.

4 Das zweite Außenstoffteil mit der rechten Seite nach oben hinlegen. An der oberen Längskante die freie Vorderseite des Reißverschlusses platzieren, sodass der Rand des Reißverschlusses wiederum an der Stoffkante liegt. Es liegen nun beide Außenstoffe etwas verschoben aufeinander.

5 Das zweite Futterstoffteil mit der rechten Seite nach unten ebenfalls auf den Reißverschluss legen (Futter liegt auf Futter).

6 Alle drei Lagen zusammennähen.

7 Die Stoffe auseinanderfalten, sodass die Vorderseite des Reißverschlusses in der Mitte liegt, bügeln und am Reißverschluss knappkantig absteppen.

8 Den Stoffstreifen für die Schlaufe in Längsrichtung rechts auf rechts zur Hälfte falten, eine Quernaht und die Längsnaht schließen. Ecken abschneiden, wenden, die offene Seite einschlagen und rundherum knappkantig absteppen, wobei die Öffnung geschlossen wird.

9 Nun die Tasche zusammenfalten, sodass die Außenstoffe aufeinanderliegen. Rundherum feststecken und die untere Längsseite zusammennähen. Nahtzugaben zurückschneiden und mit Zickzackstich versäubern.

10 Den Reißverschluss bis zur Hälfte öffnen. Die Längsnaht auf den Reißverschluss legen. Am geschlossenen Ende des Reißverschlusses die Schlaufe zwischen den beiden Lagen platzieren, sodass sie nach innen zeigt.

11 Alle Lagen feststecken und zusammennähen.

12 Auf der anderen Seite wiederholen, wobei der Reißverschluss noch immer geöffnet ist. Die Zähnchen müssen beim Feststecken etwas überlappen.

13 Nahtzugaben zurückschneiden und die Kanten versäubern.

14 An allen vier Ecken jeweils Seitennaht und Längskante auseinanderfalten und beide aufeinanderlegen, die Ecken flachbügeln und 10 cm breit mit einer Quernaht absteppen. Die überstehenden Stoffdreiecke abschneiden, Kanten versäubern.

15 Den Reißverschluss ganz öffnen und die Tasche auf rechts wenden.

2
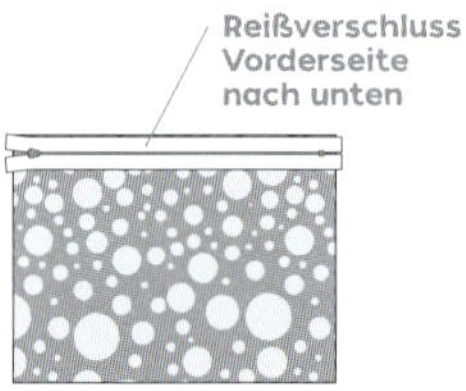

3
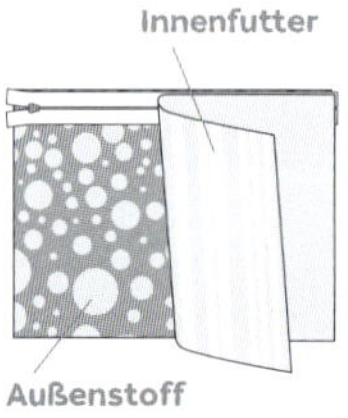

4
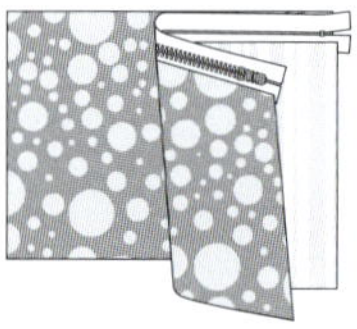

5
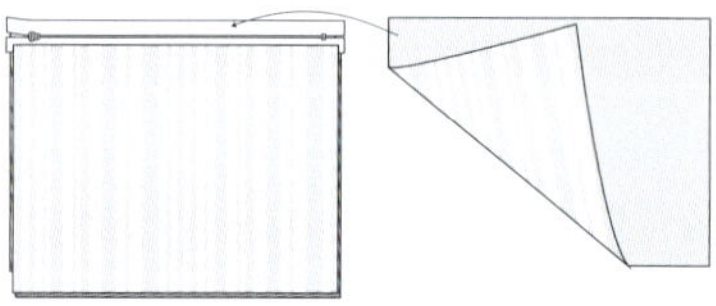

6

7
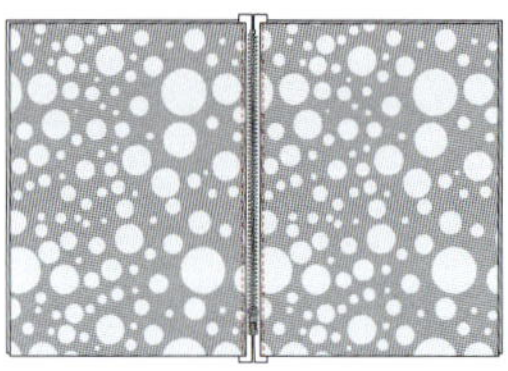

10
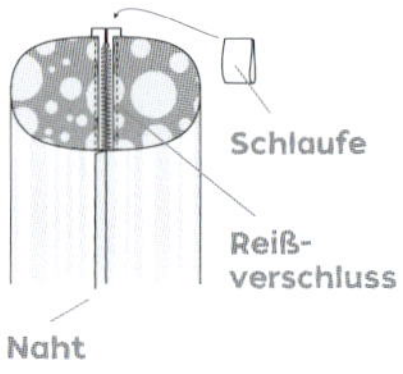

11
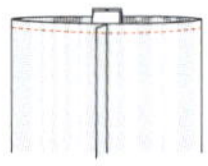

14
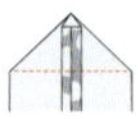

GRÖSSE

ca. 26 cm lang

MATERIAL

- Außenstoff: Baumwollstoff mit Chevronmuster in Rosa-Weiß, 2x 40 cm x 30 cm
- Futterstoff: Baumwollstoff in Weiß, 2x 40 cm x 30 cm
- Vlieseinlage, 2x 40 cm x 30 cm
- Stoff für Schlaufe: Baumwollstoff mit Chevronmuster in Rosa-Weiß, 9 cm x 3,5 cm
- Reißverschluss in Weiß, 40 cm

Praktisch zum Verstauen: der lang umlaufende Reißverschluss

KOSMETIKTASCHE

DIE KLEINE TASCHE eignet sich für Schmuck, die Lippenstiftsammlung oder das Handyzubehör und hat die perfekte Größe für die Handtasche oder das Handgepäck.

GRÖSSE

ca. 25 cm x 15 cm

MATERIAL

- Außenstoff: Waffelpiqué in Rosa, 28 cm x 42 cm
- Futterstoff: Baumwollstoff in Altrosa mit Streifen, 28 cm x 42 cm
- Vlieseinlage, 28 cm x 42 cm
- Stoff für Schlaufe: Baumwollstoff in Grau mit Muster, 9 cm x 3,5 cm
- Reißverschluss in Weiß, 28 cm

SCHNITTMUSTERBOGEN B

ZUSCHNITT

- Schnittteil „Kosmetiktasche", je 2x aus Außenstoff, Futterstoff und Vlieseinlage

1 Die Vlieseinlage passgenau auf die Außenstoffteile bügeln.

2 Ein Außenstoffteil mit der rechten Seite nach oben hinlegen und den Reißverschluss mit der Vorderseite nach unten an der oberen Längskante platzieren, sodass der Rand des Reißverschlusses an der Stoffkante liegt.

3 Ein Futterstoffteil mit der rechten Seite nach unten auf den ersten Außenstoff und den Reißverschluss legen, feststecken und alle drei Lagen füßchenbreit absteppen. Die Stofflagen umklappen, sodass die freie Seite des Reißverschlusses an der Oberkante liegt.

4 Das zweite Außenstoffteil mit der rechten Seite nach oben hinlegen. An der oberen Längskante die freie Vorderseite des Reißverschlusses platzieren, sodass der Rand des Reißverschlusses wiederum an der Stoffkante liegt. Es liegen nun beide Außenstoffe etwas verschoben aufeinander.

5 Das zweite Futterstoffteil mit der rechten Seite nach unten ebenfalls auf den Reißverschluss legen (Futter liegt auf Futter).

6 Alle drei Lagen zusammennähen.

7 Die Stoffe auseinanderfalten, sodass die Vorderseite des Reißverschlusses in der Mitte liegt, bügeln und am Reißverschluss knappkantig absteppen.

8 Den Stoffstreifen für die Schlaufe in Längsrichtung rechts auf rechts zur Hälfte falten, eine Quernaht und die Längsnaht schließen. Ecken abschneiden, wenden, die offene Seite einschlagen und rundherum knappkantig absteppen, wobei die Öffnung geschlossen wird.

9 Nun die Tasche so falten, dass Außenstoff rechts auf rechts auf Außenstoff und Futter auf Futter liegt. Den Reißverschluss bis zur Hälfte öffnen. Die Schlaufe zwischen den beiden Außenstofflagen platzieren, sodass sie nach innen zeigt.

10 Die Kanten rundherum feststecken und die unteren Längsseiten zusammennähen. Danach die Seitennähte schließen, dabei im Futterstoff eine Wendeöffnung offen lassen.

11 Die vier Ecken auseinanderziehen und jeweils die Seitennaht auf die untere Längsnaht legen. Die offenen Kanten zusammennähen, um einen Boden zu erzeugen.

12 Die Tasche wenden und die Öffnung im Futter mit einer knappkantigen Naht schließen.

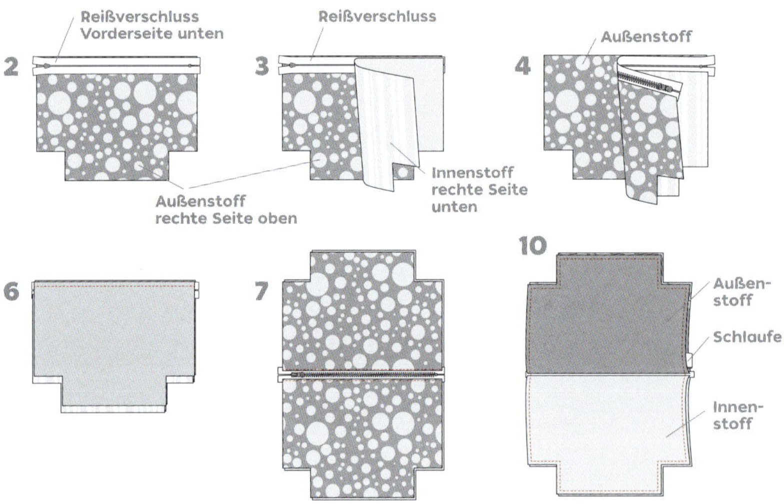

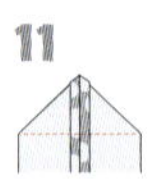

Darin gehen selbst die kleinsten Kleinigkeiten nicht verloren.

BIKINITASCHE

DER BIKINIBAG IST EIN 2-IN-1-MODELL: innen mit Wachstuch gefüttert, damit der feuchte Bikini gut aufbewahrt werden kann, und außen gemütlich weicher Frottee. Stopft man nämlich die Tasche am Strand mit einem Shirt oder Ähnlichem aus, hat man ein gemütliches kleines Kopfkissen.

GRÖSSE

ca. 25 cm x 30 cm

MATERIAL

- Frotteestoff in Mint, 2x 27 cm x 31 cm
- Wachstuch mit Muster, 2x 27 cm x 31 cm
- Reißverschluss in Weiß, 28 cm

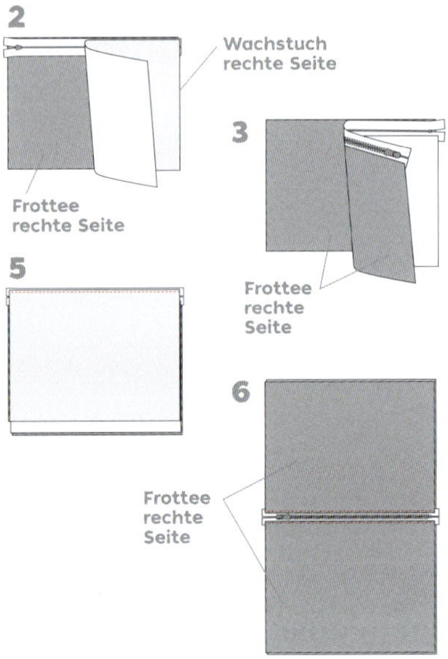

1 Ein Frotteeteil mit der rechten Seite nach oben hinlegen und den Reißverschluss mit der Vorderseite nach unten an der oberen Längskante platzieren, sodass der Rand des Reißverschlusses an der Stoffkante liegt.

2 Ein Wachstuchteil mit der rechten Seite nach unten auf den Frottee und den Reißverschluss legen, feststecken und alle drei Lagen füßchenbreit absteppen. Die Stofflagen umklappen, sodass die freie Seite des Reißverschlusses an der Oberkante liegt.

3 Das zweite Frotteeteil mit der rechten Seite nach oben hinlegen. An der oberen Längskante die freie Vorderseite des Reißverschlusses platzieren, sodass der Rand des Reißverschlusses wiederum an der Stoffkante liegt. Es liegen nun beide Frotteeteile etwas verschoben aufeinander.

4 Das zweite Wachstuchteil mit der rechten Seite nach unten ebenfalls auf den Reißverschluss legen (Wachstuch liegt auf Wachstuch).

5 Alle drei Lagen zusammennähen.

6 Die Stoffe auseinanderfalten, sodass die Vorderseite des Reißverschlusses in der Mitte liegt. Von der Frotteeseite bügeln und am Reißverschluss knappkantig absteppen.

7 Nun die Tasche so falten, dass Frottee rechts auf rechts auf Frottee und Wachstuch auf Wachstuch liegt. Den Reißverschluss zur Hälfte öffnen.

8 Die Kanten rundherum feststecken und alles zusammennähen, dabei im Wachstuch seitlich eine Wendeöffnung offen lassen.

9 Die Tasche wenden und die Öffnung im Wachstuch mit einer knappkantigen Naht schließen.

SCHUHBEUTEL

BEUTEL KANN MAN NIE GENUG HABEN! Sie sind nicht nur perfekt zum Verstauen von Schuhen, sondern ebenso von Wäsche, Socken ... einfach allem, was „rudelweise" in den Koffer gepackt wird. Näht euch am besten gleich verschiedene Größen, denn die Erfahrung zeigt, dass sich etwa Schmuck in einem kleinen Säckchen viel wohler fühlt als in einem großen Beutel.

1 Die Stoffteile an der rechten und linken Seitenkante jeweils ca. 0,5 cm zur linken Stoffseite einschlagen und umbügeln. Knappkantig absteppen.

2 Am oberen Rand jeweils 2 cm doppelt einschlagen, feststecken und einen Tunnel nähen.

3 Beide Stoffteile rechts auf rechts zusammenstecken, die Seitennähte und die untere Naht schließen. Die Seitennähte enden an der Nahtlinie des Tunnelzugs. Wer es besonders ordentlich mag, benutzt französische Nähte.

4 Den Beutel auf rechts wenden.

5 Das Band durch den Tunnel ziehen.

DOPPELTER DURCHZUG Wer möchte, kann auch zwei Bänder nehmen, die einmal von der rechten und einmal von der linken Seitenkante eingefädelt werden. So lässt sich der Beutel von beiden Seiten gleichzeitig zuziehen.

GRÖSSE

ca. 28 cm x 40 cm

MATERIAL

- Baumwollstoff mit Muster in Rosa-Weiß, 2x 30 cm x 43 cm
- Kordel oder Band in Weiß, 65 cm

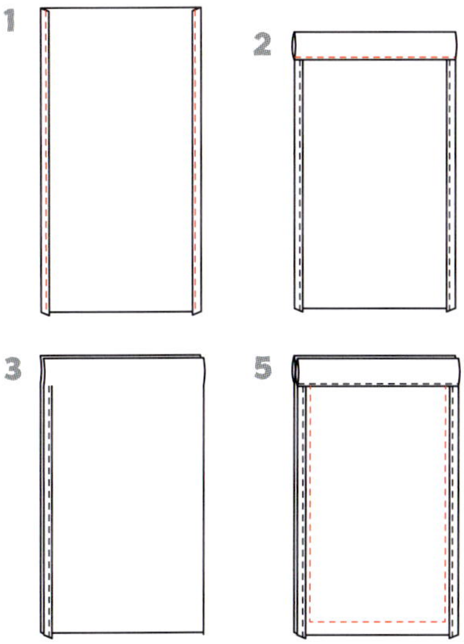

KLEINE SÄCKCHEN

MIT DEN KLEINEN BEGLEITERN geht im Koffer nichts mehr verloren! Ohrringe, Haargummis, Speicherkarten und Ohrenstöpsel rutschen nicht mehr in Ritzen, sondern sind nun immer griffbereit.

GRÖSSE

ca. 13 cm x 18 cm

MATERIAL

- Baumwollstoff mit Flamingo- oder Melonenmuster, 2x 15 cm x 21 cm
- Kordel oder Band in passender Farbe, 40 cm

1 Die Stoffteile an der rechten und linken Seitenkante jeweils ca. 0,5 cm zur linken Stoffseite einschlagen und umbügeln. Knappkantig absteppen.

2 Am oberen Rand jeweils 2 cm doppelt einschlagen, feststecken und einen Tunnel nähen.

3 Beide Stoffteile rechts auf rechts zusammenstecken, die Seitennähte und die untere Naht schließen. Die Seitennähte enden an der Nahtlinie des Tunnelzugs. Wer es besonders ordentlich mag, benutzt französische Nähte.

4 Den Beutel auf rechts wenden.

5 Das Band durch den Tunnel ziehen.

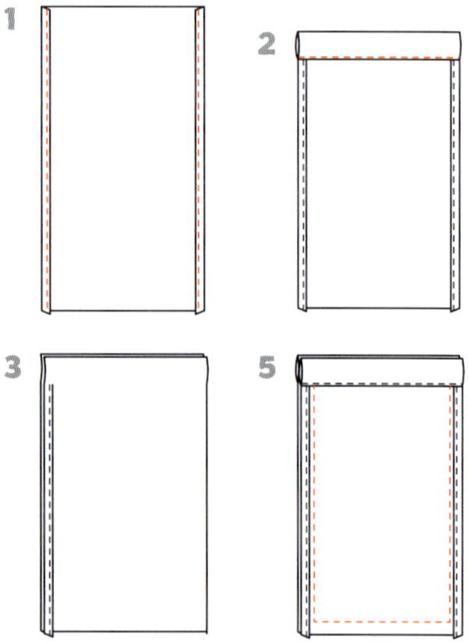

KOFFERANHÄNGER

KOFFERANHÄNGER SEHEN IMMER ÄHNLICH AUS. Und nach einer gewissen Zeit reißen die schmalen Bänder, mit denen sie an den Griffen befestigt werden. Diese Anhänger sind eher „Umwickler“ und beherbergen nicht nur ein Adresskärtchen, sondern markieren gleichzeitig den Koffer beim Transport.

Umwickler mit Mehrfachnutzen

GRÖSSE

ca. 24 cm x 10 cm

MATERIAL

- Baumwollstoffe mit verschiedenen Mustern, 2x 26 cm x 12 cm
- Klettband, 10 cm
- Kunststofffolie (z. B. Klarsichthülle aus dem Bürobedarf), 10 cm x 6,5 cm

1
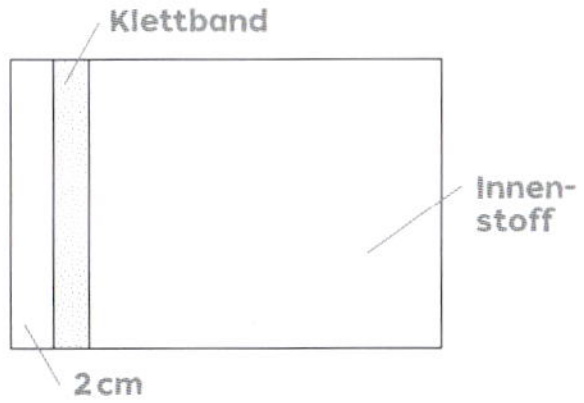

2
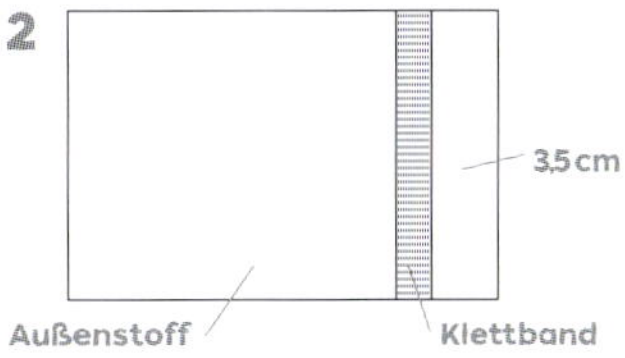

6
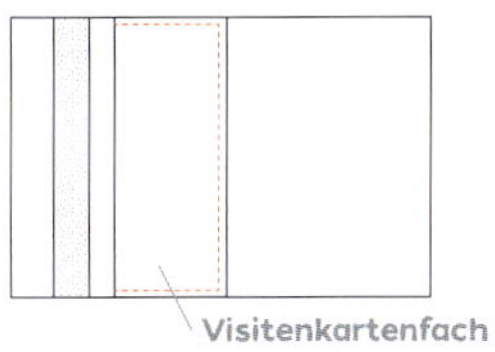

1 Das Klettband quer auf den Stoffstreifen feststecken: auf der Innenseite 2 cm vom Schmalseitenrand, auf der Außenseite 3,5 cm vom Rand entfernt.

2 Nun das Klettband rundherum festnähen, dabei oben und unten jeweils ca. 1 cm Abstand zur Längskante des Stoffes einhalten.

3 Beide Stoffstreifen rechts auf rechts aufeinanderlegen, sodass die Klettverschlussteile jeweils am entgegengesetzten Ende liegen. Füßchenbreit absteppen, dabei an einer Schmalseite offen lassen.

4 Wenden und bügeln.

5 Die offene Seite einschlagen und den Streifen rundherum knappkantig absteppen, dabei die Öffnung schließen.

6 Etwa 3,5 cm vom Schmalseitenrand entfernt die Kunststofftasche an drei Seiten auf der Innenseite festnähen.

MASKENTASCHE

WIE OFT FLIEGEN frische und gebrauchte Masken in der Handtasche wild umher und machen Bekanntschaft mit Einkäufen oder der Geldbörse. Damit die ungebrauchten Exemplare schön sauber bleiben, bekommen sie mit dieser kleinen Tasche ein eigenes Zuhause.

Die Maskentaschen sind extra leicht und flach, damit sie keinen unnötigen Platz wegnehmen und an der kleinen Schlaufe auch mal außerhalb der Tasche angebracht werden können. An dieser Schlaufe kann man übrigens auch ein kleines Fläschchen mit Desinfektionsmittel anklippen.

GRÖSSE

13 cm x 19,5 cm

MATERIAL

- Baumwollstoff, 15 cm x 21 cm (Rückenteil)
- Baumwollstoff, 10 cm x 21 cm (großes Vorderteil)
- Baumwollstoff, 4 cm x 21 cm (kleines Vorderteil)
- Reißverschluss, 20 cm
- Band für die Schlaufe, 8 cm

1 Den Reißverschluss an der Unterseite des kleinen Vorderteils rechts auf rechts feststecken und zusammennähen.

2 Den Reißverschluss und den Stoff auseinander bügeln und dann von rechts absteppen. Die Steppnaht sieht nicht nur schön aus, sondern hilft auch bei der Form und Struktur des Beutels.

3 Um die Vorderseite der Reißverschlusstasche zu vervollständigen, nun das große Vorderteil an die Unterkante des Reißverschlusses nähen und ebenfalls absteppen.

4 Als Nächstes wird das Rückenteil an das fertige Vorderteil genäht, indem die die obere und untere Naht rechts auf rechts geschlossen werden. Die Kanten mit einem Zickzackstich versäubern

5 Nun den Reißverschluss zur Hälfte öffnen, bevor die Seitennähte geschlossen werden. Die Schlaufe in die Seitennaht stecken, so dass sie nach Innen liegt. Beide Seiten zunähen und ebenfalls versäubern.

6 Die Tasche auf rechts wenden und die Ecken herausarbeiten.

Hinweis: Wer noch nie einen Reißverschluss angebracht hat: Dies ist das perfekte Projekt, um sich endlich dran zu wagen!

So ist die Maske gut verstaut!

5
5
8
8
Das tanzende Pony

Reisen mit Kindern

Ich erinnere mich an Autofahrten in den Urlaub, bei denen ich mich kaum traute, das Kind abzuschnallen und aus dem Auto zu heben. Denn gleichzeitig schwappte eine Flut an Stiften, Kinderbüchern, CDs und Co. auf den Boden. Was für ein Chaos! Urlaub mit Kindern ist bei mir immer verbunden mit zerknickten Buchseiten, kaputten Spielkarten, verlorenen Spielfiguren und einem unübersichtlichen Berg an Dingen, die man halt so mitschleppt.

Besonders meine Handtasche war stets eine unerschöpfliche Quelle an zerdrückten Keksen in Verbindung mit jeder Menge Kram.

Reisen mit Kindern ist immer chaotisch. Dagegen kann sogar ich als Ordnungsprofi nur wenig ausrichten. Die drei kleinen Projekte in diesem Kapitel können wenigstens ein bisschen helfen.

LÄTZCHENHALTER

WARUM EIN LÄTZCHEN MITSCHLEPPEN, wenn es im Restaurant doch immer Servietten gibt? Mit dem kleinen Lätzchenhalter wird jedes Taschentuch oder Stück Stoff zu einem optimalen Kleiderschutz. Einfach anklippen, vollkleckern und danach die Serviette höflich dem Kellner mitgeben und nur den kleinen Halter wieder in der Tasche verstauen.

1 Den Stoffstreifen in Längsrichtung rechts auf rechts zur Hälfte falten, umbügeln und an einer Querseite und der Längsseite zusammennähen.

2 Ecken abschneiden, wenden und bügeln. Die Nahtzugabe des offenen Endes 1 cm nach links einschlagen, das Ende knappkantig absteppen.

3 An einem Ende einen Clip befestigen, indem der Stoffstreifen von vorne nach hinten durchgezogen, eingeschlagen und festgenäht wird.

4 Vom anderen Ende her den Regulator auf den Streifen fädeln, sodass die Außenseite des Regulators auf der oberen Streifenseite liegt.

5 Den zweiten Clip ebenfalls von vorne nach hinten einfädeln, dann den Stoffstreifen nochmals von unten durch den Mittelsteg des Regulators ziehen.

6 Das Streifenende zweimal je 1,5 cm umfalten und in der Mitte der Faltung quer festnähen, sodass es nicht mehr durchrutschen kann.

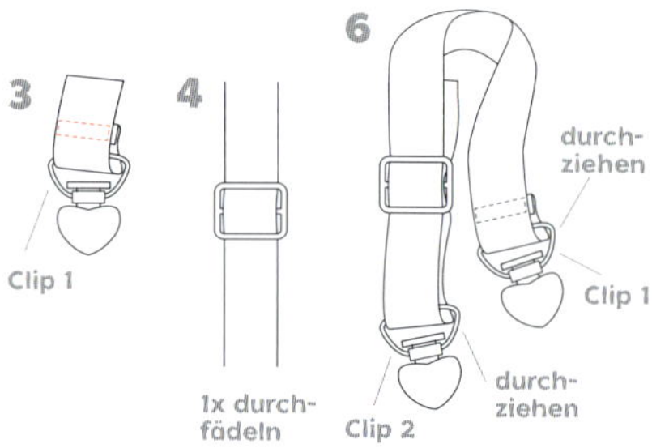

GRÖSSE

ca. 56 cm x 2,5 cm

MATERIAL

- **Stoffstreifen aus Baumwollstoff mit Melonenmuster, 58 cm x 7 cm**
- **2 Hosenträgerclips**
- **Hosenträger-Regulator**

SPIELKARTENTASCHE

JEDE PAPPSCHACHTEL FÜR KARTENSPIELE kapituliert nach einer gewissen Anzahl von Reisen, jede Kunststoffhülle bricht irgendwann – das weiß jeder, der gerne Spielkarten von A nach B transportiert. Die selbst genähte Spielkartentasche bietet genug Raum für die Karten und schützt sie gleichzeitig. Diese Variante wird mit einem Bändchen geschlossen. Optional ist auch ein Klettverschluss möglich. Wer es ganz simpel mag, schlingt ein einfaches Haargummi drumherum.

GRÖSSE

ca. 14 cm lang

MATERIAL

- Außenstoff: Baumwollstoff mit Melonenmuster, 16 cm x 31 cm
- Innenstoff: Baumwollstoff in Mint gemustert, 16 cm x 31 cm
- Stoff für das Kartenfach: Baumwollstoff mit Melonenmuster, 18 cm x 24 cm
- Sehr feste Vlieseinlage (180 g/m²), x 16 cm x 31 cm
- Schmales Satinband in Mint, 50 cm

1 Die Vlieseinlage auf Außen- und Innenstoff aufbügeln.

2 Den Stoff für das Kartenfach in Längsrichtung rechts auf rechts zur Hälfte falten und die lange Seite zusammennähen. Wenden, bügeln und die Längsseite knappkantig absteppen.

3 Die Mitte des Kartenfachs bei 12 cm mit einer Nadel markieren, mit 10 cm Abstand zur Oberkante mittig auf den Innenstoff feststecken und annähen.

4 Die Außenkanten knappkantig am Rand des Innenteils festnähen.

5 Innen- und Außenstoff rechts auf rechts aufeinanderlegen und rundherum zusammennähen, an einer Querseite eine Öffnung zum Wenden lassen. Die Kartenfächer liegen dabei innen.

6 Ecken abschneiden, wenden, bügeln und alle genähten Seiten knappkantig absteppen. Das Bändchen in der Mitte falten. Die Nahtzugaben an der Öffnung 1 cm nach links einschlagen und dort das Bändchen einfassen. Die Naht knappkantig schließen, dabei mehrfach über die Ansatzstelle der Bänder nähen.

7 Das Unterteil der Außenhülle über das Kartenfach klappen und die Ecken per Hand mit ein paar Stichen seitlich am Kartenfach fixieren.

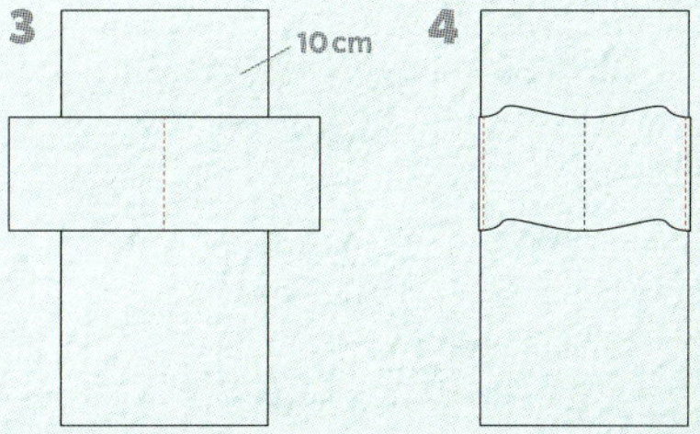

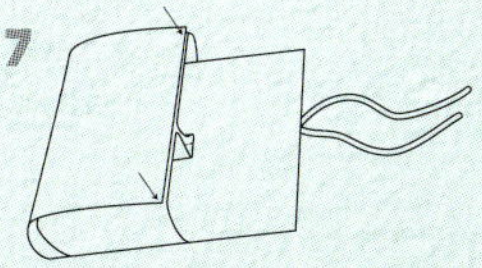

Gut geschützt und immer griffbereit für das nächste Spiel

SCHUTZHÜLLE

DIE KLEINEN BÜCHLEIN kennt jeder – sie sind die perfekte Unterhaltung und Ablenkung im Restaurant, im Urlaub und immer dann, wenn eine kleine Geschichte ein bisschen Ruhe in einen trubeligen Tag bringen soll. Leider haben sie aber die Eigenschaft, durch ihre Größe in jede Ritze zu rutschen, die sich ihnen auftut. Die Hülle bietet bis zu zehn Minibüchern einen optimalen Schutz und hält sie alle zusammen. Wer auf Nummer sicher gehen möchte, näht zusätzlich einen kleinen Klettverschluss an.

GRÖSSE

ca. 12 cm x 12 cm (geschlossen)

MATERIAL

- Außenstoff: Baumwollstoff mit Melonenmuster, 26 cm x 14 cm
- Innenstoff: Baumwollstoff in Mint gemustert, 26 cm x 14 cm
- Stoff für Taschen: Baumwollstoff mit Melonenmuster, 2x 19 cm x 14 cm
- Vlieseinlage, 26 cm x 14 cm

1 Vlieseinlage auf den Außenstoff aufbügeln.

2 Die Taschen in Querrichtung links auf links zur Hälfte falten (9,5 cm x 14 cm) und bügeln.

3 Alles übereinander legen: Außenstoff mit der rechten Seite nach oben, Taschen rechts und links mit den offenen Stoffkanten nach außen, Innenstoff mit der linken Seite nach oben.

4 Alle Stofflagen zusammenstecken und rundherum füßchenbreit aufeinandernähen, dabei zwischen den Taschen eine Wendeöffnung lassen.

5 Die Nahtzugaben an den Ecken schräg abschneiden und die Tasche wenden.

6 An der Wendeöffnung die Nahtzugaben einschlagen und die offene Naht knappkantig schließen.

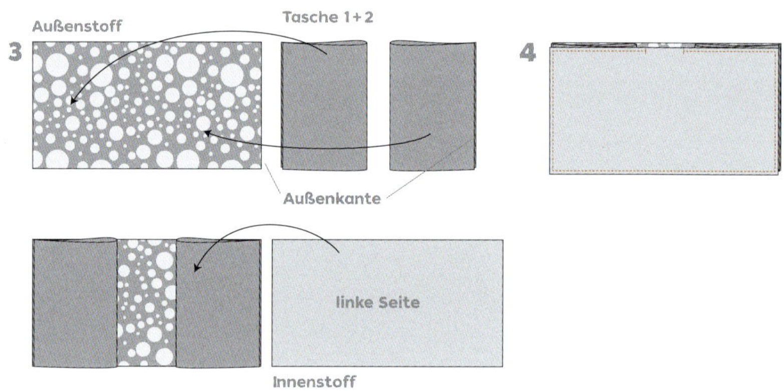

Platz und
Schutz für
10 Minibücher

Kinderzimmer

Im Kinderzimmer herrscht immer Chaos? Das Spielzeug verteilt sich im ganzen Haus? Spielzimmer haben in der Regel eins gemeinsam: Sie sind ziemlich unordentlich. Und das ist auch völlig in Ordnung, schließlich ist ein Kinderzimmer zum Spielen da.

Spätestens jedoch, wenn man einmal den Schmerz gespürt hat, den ein Legostein unter dem Fuß verursachen kann, ist es so weit: Das Kind soll ordentlicher werden! Denn ab und an muss natürlich aufgeräumt werden – und zwar am besten von den Kleinen selbst.

Eigentlich wissen wir es alle: Das, was man früh gelernt hat, fällt einem später leichter. Übt man schon in der Kindheit, sich an die Grundregeln der Ordnung zu halten, wird man auch als Erwachsener weniger Probleme damit haben.

P

Tipps und Tricks gibt es viele: gemeinsames Aufräumen, Ordnungsspiele, Belohnungen, Sanktionen. Die Erfahrung zeigt jedoch: Aufräumen muss Freude machen und einfach und schnell gehen! Nur wenige Kinder sortieren ihre Bausteine ordentlich in eine Box oder Bücher nach Größe in ein Regal. Für die meisten ist das Ordnungschaffen nur eine leidige Unterbrechung ihrer Spielzeit.

RUCKZUCK WEG!

Deswegen muss das Kinderzimmer vor allem eines sein: einfach! Herumliegende Wäsche? Ratzfatz in das Maul des Monster-Beutels gestopft. Das Vorlesebuch zum Einschlafen? Direkt in die Tasche am Bett gesteckt. Dort wartet übrigens auch das Zahnspangendöschen oder eine kleine Flasche Wasser auf ihren Einsatz. Um ein bisschen Ruhe in das bunte Sammelsurium eines Kinderzimmers zu bekommen, ist es außerdem sinnvoll, sich auf wenige, zurückhaltende Farben zu konzentrieren. So lustig bunt bedruckte Boxen und mit Comicfiguren verzierte Accessoires auch aussehen, sie lassen den Raum unaufgeräumter und wilder wirken, als er vielleicht ist. Gerade große Aufbewahrungsbehälter wie Körbe, Tonnen oder Schachteln bringen mit einem ruhigen Farbton eine klare Linie in das Kinderzimmer. Kleine Farbhighlights sind ausreichend! Denn eines darf man nicht vergessen: Zusätzlich zu Möbeln und Stauraum befindet sich hier Spielzeug, das mit seinen lebendigen Farben und seiner Kleinteiligkeit Unruhe bringt. Also bei der Material- und Stoffwahl lieber ein bisschen Zurückhaltung üben, um Entspannung in den Raum zu bringen. Wir kennen es ja von uns selbst: Ein bunt gemustertes Zimmer lässt uns nur schwer zur Ruhe kommen und gut einschlafen. Weniger Reize – besserer Schlaf.

» **Plastikspielzeug reinigen: Irgendwann wird alles ein bisschen kniestig und dreckig im Kinderzimmer. Dann werden Lego und Co. ganz schnell wieder sauber mit einer Runde in der Waschmaschine: Alles in einen gut verschließbaren Beutel packen (Kissenbezug mit Reißverschluss funktioniert auch), Schongang einstellen, niedrige Temperatur wählen, ein Schuss Waschpulver – und alles kommt blitzsauber wieder heraus!**

1. STAURAUM SCHAFFEN

Die wichtigste Voraussetzung für Ordnung ist Stauraum – in Form von Regalen, Boxen oder Schubladen. Und egal, für welche Lösung man sich entscheidet, eines ist ganz wichtig: Der Stauraum muss groß sein! Regale sind dann ideal, wenn die Fächer schön tief sind. Kisten oder Boxen, in denen Lego, Playmobil und die Gummitier-Sammlung Platz finden, dürfen nicht zu klein sein. Kein Kind ordnet Bücher gerne in ein bereits vollgestelltes Regal. Wenn ein Korb schon fast voll ist, macht es keinen Spaß, die Stofftiere dort noch hineinzuquetschen – also immer ein bisschen Luft lassen!

2. ALLES HAT SEINEN PLATZ

Damit ein Kind selbst aufräumen kann, sollten Spielzeuge und Bücher einen bestimmten Platz haben. Dann ist es kinderleicht: Lego oder Playmobil wandert im Handumdrehen in die Kisten, Bücher ins Regal und die CDs erst in ihre Hüllen und dann in den Nachttisch. Aber gerade bei Kindern gibt es eine Vielzahl von Dingen, die irgendwie keinen festen Ort finden wollen: Wohin mit der Zahnspangendose, dem Stock vom letzten Spaziergang und den Muscheln aus dem Urlaub? Wir haben dafür einfach eine Extra-Kiste, die wir regelmäßig zusammen ausmisten.

3. REGELMÄSSIG AUSSORTIEREN

Regelmäßiges Ausmisten ist überhaupt die Zauberformel: Oft ist das Kinderzimmer mit Spielzeug überfrachtet, mit dem nicht mehr gespielt wird. Oder es ist so viel vorhanden, dass das Kind sich wegen des Überangebots nicht auf das Spielen konzentrieren kann. Also ausmisten und vielleicht auf dem nächsten Basar verkaufen! Damit hat man gleich zwei Fliegen mit einer Klappe geschlagen: Platz geschaffen und außerdem etwas Geld verdient.

SPIELTEPPICH

UNTERWEGS MIT KIND UND KEGEL? Dieser Beutel ist kuscheliger Teppich und praktische Aufbewahrung in einem! Ausgebreitet bietet er einen weichen Untergrund zum Spielen, zusammengezogen transportiert er Kuscheltiere, Bausteine und Co. – einfach mit der Kordel zusammenraffen und mitnehmen. Nach dem Picknick oder dem Ausflug zu Oma kann er samt Inhalt ordentlich aufgehängt werden.

GRÖSSE

ø ca. 135 cm

MATERIAL

- Außenstoff: Baumwollstoff mit Pinguinmuster, 140 cm x 140 cm
- Innenstoff: Baumwollstoff mit Dreieckmuster, 140 cm x 140 cm
- Stoff für Kordelzug: Baumwollstoff mit Dreieckmuster, 6 cm x 442 cm
- Volumenvlies, 140 cm x 140 cm
- Stoffrest zur Verstärkung, 2x 2 cm x 2 cm
- Kordel in Schwarz-Weiß, 5 m

SCHNITTMUSTERBOGEN A

ZUSCHNITT

- Schnittteil „Spielteppich“, je 1x aus Außenstoff, Innenstoff und Volumenvlies

1 Außen- und Innenstoff sowie das Volumenvlies jeweils rechts auf rechts zur Hälfte falten und am Stoffbruch nochmals zur Hälfte zusammenlegen. Das Schnittmuster in der Ecke auflegen und ausschneiden, sodass jeweils ein Kreis entsteht.

2 Die Enden des Kordelzugstreifens versäubern, 1 cm nach links einschlagen und absteppen. Den Stoffstreifen in Längsrichtung links auf links zur Hälfte falten und bügeln.

3 Die Kreise wie folgt stapeln, dazwischen den Streifen für den Kordelzug einlegen:

- Außenstoff, rechte Seite nach oben
- Kordelzug am Rand entlang, die offene Stoffkante zeigt nach außen
- Innenstoff, rechte Seite nach unten
- Volumenvlies

4 Sorgfältig und in kleinen Abständen zusammenstecken und füßchenbreit absteppen, dabei am Anfang des Kordeltunnels eine Öffnung zum Wenden lassen.

5 Nahtzugaben einschneiden, damit der Rand flach liegt. Den Stapel wenden, sodass die beiden Stoffschichten außen liegen, und bügeln.

6 Die Nahtzugaben der Wendeöffnung einschlagen und die Öffnung knappkantig schließen. Auf Vorder- und Rückseite jeweils eine Stoffverstärkung unterhalb der Tunnelöffnung zur besseren Haltbarkeit aufnähen.

7 Die Kordel in den Tunnel einziehen und verknoten.

3

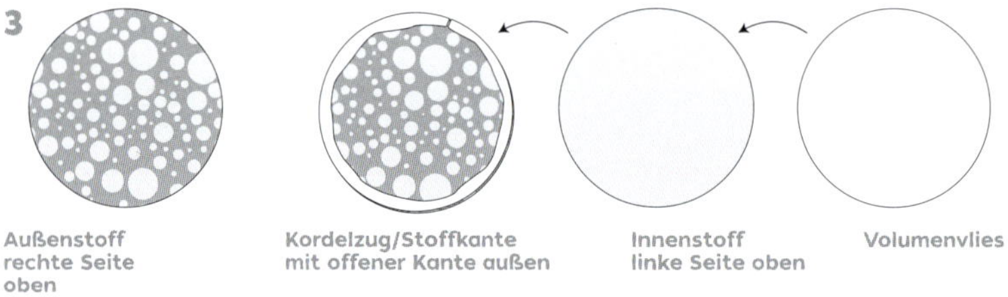

4

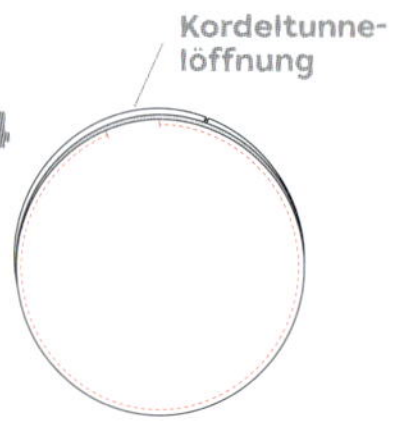

6

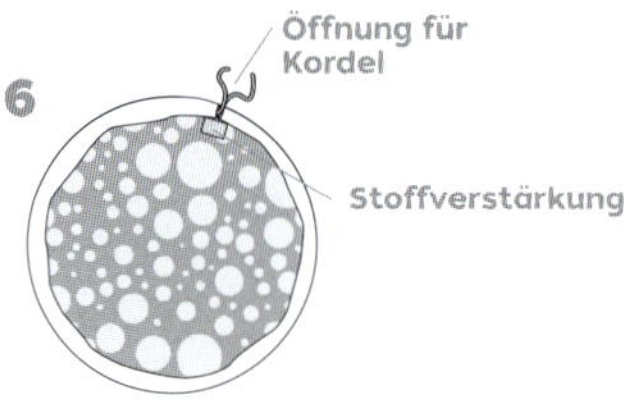

TIERISCHER KUSCHELPLATZ **Nicht nur der Nachwuchs freut sich über diesen praktischen Beutel, auch Hundebesitzer haben so immer Hundedecke und Zubehör unterwegs dabei.**

Kuscheliger
Spielplatz
zum Mitnehmen

ECKIGES UTENSILO

BOXEN KANN MAN NIE GENUG HABEN! Diese eignen sich im Babyzimmer, wo sie den Söckchen eine Heimat geben, oder im Kinderzimmer, wo sie als Aufbewahrungsort für wertvolle Kleinigkeiten genutzt werden können.

GRÖSSE

ø ca. 21 cm

MATERIAL

- **Baumwollstoff mit Pinguinmuster oder in Weiß, 2x 75 cm x 35 cm**
- **Vlieseinlage, 2x 75 cm x 35 cm**
- **Lederband, 9 cm lang**

1 Vlieseinlage auf beide Stoffteile aufbügeln.

2 Beide Stoffe rechts auf rechts aufeinanderlegen und die Längsseite oben zusammenstecken. Füßchenbreit absteppen, dabei seitlich versetzt eine Wendeöffnung lassen. Die Nahtzugaben auseinanderbügeln.

3 Den Stoff rechts auf rechts quer zusammenfalten – Innenstoff auf Innenstoff, Außenstoff auf Außenstoff. Alle drei Seiten zusammenstecken und rundherum absteppen.

4 Für die Tiefe des Bodens an jeder Ecke jeweils die seitliche und die untere Naht (bzw. Bruchkante) auseinanderziehen und beide aufeinanderlegen, die Ecken flachbügeln und 14 cm breit mit einer Quernaht absteppen. (Je breiter die Ecken abgenäht werden, desto größer wird die Standfläche des Körbchens). Das überstehende Stoffdreieck abschneiden.

5 Alles auf rechts wenden und den Innenstoff in den Außenstoff ziehen.

6 Den oberen Rand rundherum knappkantig absteppen und dabei die Wendeöffnung schließen. Auf Wunsch kann der obere Rand umgeschlagen werden. Wer mag, näht noch eine Lederschlaufe am oberen Rand fest.

Hinweis: Wer möchte, kann unterschiedliche Stoffe für innen und außen benutzen.

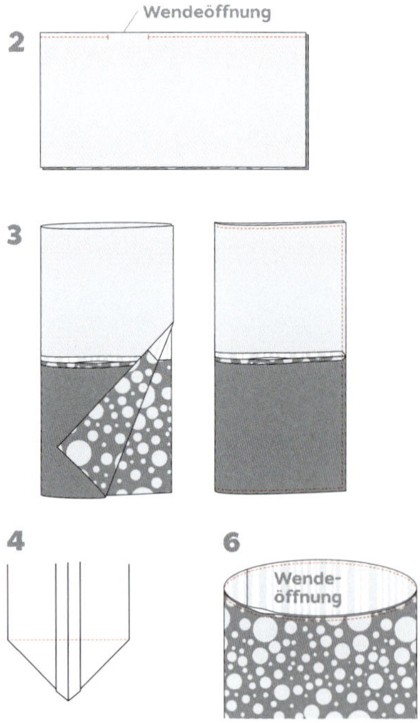

RUNDES UTENSILO

EIN ÜBERZUG FÜR DAS STIFTGLAS? Eine Aufbewahrung für Haargummis und Zopfspangen? Auch die runde Version ist ruckzuck genäht und kann ganz individuell an die Kinderzimmereinrichtung angepasst werden.

GRÖSSE

ø ca. 15 cm

MATERIAL

- Außenstoff für die Seitenwand: Baumwollstoff in Weiß mit schwarzem Karomuster, 48 cm x 28 cm
- Innenstoff für die Seitenwand: Baumwollstoff mit Dreieckmuster, 48 cm x 28 cm
- Außenstoff für den Boden: Baumwollstoff in Weiß mit schwarzem Karomuster, 16 cm x 16 cm
- Innenstoff für den Boden: Baumwollstoff mit Dreieckmuster, 16 cm x 16 cm
- Vlieseinlage für die Seitenwand, 48 cm x 28 cm
- Vlieseinlage für den Boden, 16 cm x 16 cm

SCHNITTMUSTERBOGEN A

ZUSCHNITT

- Schnittteil „Rundes Utensilo", je 1x aus Außenstoff, Innenstoff und Vlieseinlage

5

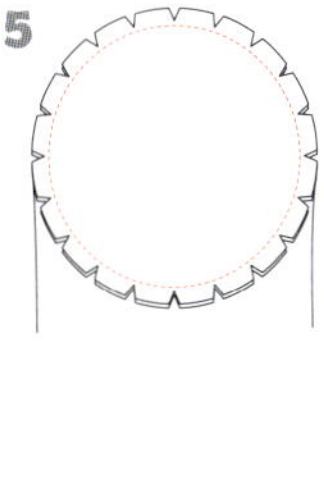

6

1 Die Vlieseinlage auf das äußere Seitenteil und den äußeren Boden aufbügeln.

2 Das äußere Seitenteil längs rechts auf rechts zur Hälfte falten, die Längskante zusammenstecken und zusammennähen. Nun die Nahtzugaben auseinanderbügeln und den Stoffschlauch zur Rundung „aufstellen".

3 Das äußere Bodenteil rundherum rechts auf rechts an die Kante der äußeren Seitenteile stecken und annähen.

4 Schritt 2 und 3 mit dem Innenstoff wiederholen.

5 Die Nahtzugaben an der Bodenrundung einschneiden.

6 Beide Taschen rechts auf rechts ineinanderstellen, dabei zeigt beim Außenstoff die rechte Seite nach innen, beim Innenstoff die rechte Seite nach außen.

7 Beide Schichten am oberen Rand zusammennähen, dabei eine Wendeöffnung lassen.

8 Den Utensilo wenden und beide Taschen ineinanderschieben.

9 Den oberen Rand knappkantig absteppen, dabei die Wendeöffnung schließen. Auf Wunsch kann der obere Rand umgeschlagen werden.

KINDERBETT-TASCHE

EIN GRIFF NEBEN DAS BETT und das Vorlesebuch ist zur Hand! Oder das Schnuffeltuch zum Einschlafen. Die Aufbewahrungstasche für das Kinderbett wird direkt am Lattenrost (oder den Stäben) des Bettes befestigt und beherbergt alles, was man abends immer griffbereit haben möchte. Denn oft ist die Ablagefläche eines Nachtschränkchens zu klein. Mit einer solchen Tasche am Bett kann man nachts auch einmal „blind" nach dem Schnuller angeln, ohne dabei eine Lampe oder die Trinkflasche umzustoßen.

GRÖSSE

ca. 55 cm x 38 cm

MATERIAL

- Stoff für die Rückwand: Baumwollstoff in Weiß mit Kreuzchenmuster, 2x 57 cm x 40 cm
- Vlieseinlage für die Rückwand, 2x 57 cm x 40 cm
- Taschenstoff: Baumwollstoff in Weiß mit Kreuzchenmuster, 88 cm x 60 cm
- Vlieseinlage für die Tasche, 88 cm x 60 cm
- Stoff für die Aufhängeschleifen: Baumwollstoff in Weiß mit Kreuzchenmuster, 4x 13 cm x 52 cm

1 Die Vlieseinlage auf beide Rückwandteile sowie auf das Taschenteil bügeln.

2 Das Rechteck für die Taschen in Längsrichtung rechts auf rechts zur Hälfte falten und bügeln. Die offene Längsseite füßchenbreit zusammennähen, die Schmalseiten offen lassen.

3 Das Taschenteil wenden, bügeln und die Umbruchkante knappkantig absteppen.

4 Den Taschenstreifen gemäß Zeichnungen in Falten legen, feststecken und dann mit Druck bügeln.

5 Nun die Taschen auf der Vorderseite des Rückwandstoffes ausrichten: Vom unteren Rand 3 cm abmessen, dort die Tasche platzieren und den Taschenstreifen am Rand feststecken.

6 Die Enden des Taschenstreifens rechts und links füßchenbreit festnähen, den unteren Rand der Taschen ebenfalls feststeppen.

7 Damit Fächer entstehen, nun die Taschen noch in dem Zwischenraum absteppen. Dabei darauf achten, dass die Falten nicht mit angenäht werden.

8 Vorder- und Rückteil des Rückwandstoffes rechts auf rechts zusammenstecken. Die Taschen liegen dabei innen.

9 Die Seiten und die Unterkante der Rückwand zusammennähen. Dabei darauf achten, dass die Taschenfalten nicht mit erfasst werden!

10 Alles wenden und gut bügeln.

11 Den Stoff für die Schleifen in Längsrichtung rechts auf rechts zur Hälfte falten, die Längskante und eine Schmalseite zusammennähen.

12 Ecken abschneiden, die Streifen wenden und bügeln. An der offenen Seite die Nahtzugabe 1 cm nach innen einschlagen und knappkantig absteppen.

13 Den oberen Rand der Rückwand nach innen umbügeln und feststecken.

14 Die Schleifenbänder zur Hälfte zusammenlegen und den Knick in die Öffnung der Rückwand schieben. Die Oberkante knappkantig zusammennähen, dabei die Schleifen mit einfassen und jeweils mehrfach über die Ansatzstelle der Schleifen nähen.

4

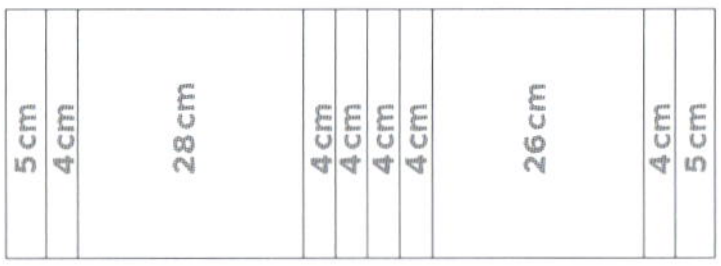

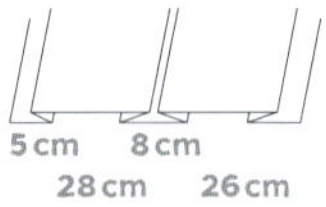

5

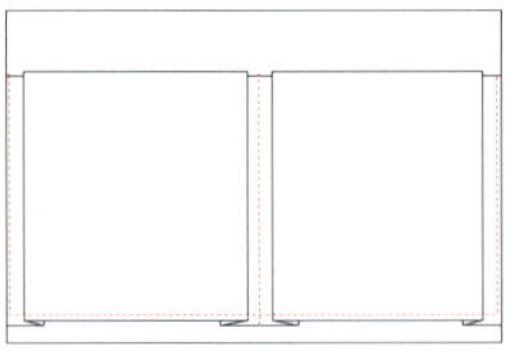

14

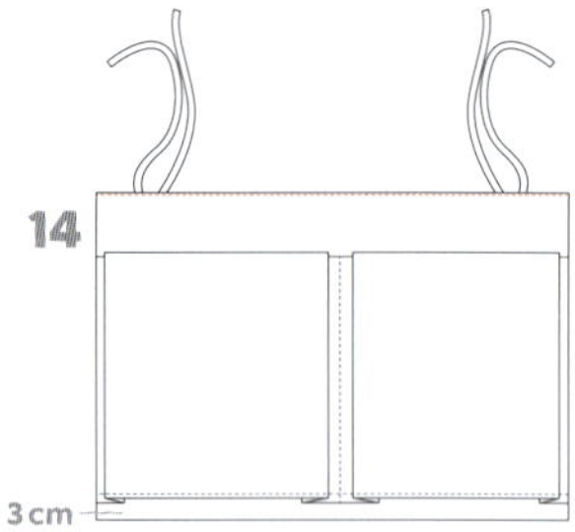

Beherbergt alles, was man am Bett griffbereit haben möchte

WÄSCHEMONSTER

MUND AUF, WÄSCHE REIN! Mit dem Wäschemonster üben schon die Kleinsten, dass man schmutzige Wäsche fix verstauen kann. Und vielleicht hat man Glück und dieses Wissen hält sogar bis ins Teenageralter an ...

GRÖSSE

ca. 66 cm lang

MATERIAL

- Stoff für den Körper: Baumwollstoff in Weiß mit schwarzen Kreisen, 75 cm x 134 cm
- Stoff für die Seitenflossen: Baumwollstoff in Weiß mit schwarzen Kreisen, 48 cm x 52 cm
- Vlieseinlage für die Seitenflossen, 48 cm x 26 cm
- Stoff für die Hinterflosse, 20 cm x 29 cm
- Vlieseinlage für die Hinterflosse, 10 cm x 29 cm
- 2 Augen zum Einklipsen
- Stoff in Blau für die Augen, 10 cm x 5 cm
- Kordel in Schwarz-Weiß, 120 cm
- Nähgarn in Neongrün

SCHNITTMUSTERBOGEN A

ZUSCHNITT

- Schnittteil „Wäschemonster Körper", 2x aus Baumwollstoff
- Schnittteil „Wäschemonster Seitenflosse", 2x aus Baumwollstoff, 4x aus Vlieseinlage
- Schnittteil „Wäschemonster Hinterflosse", 2x aus Baumwollstoff, 1x aus Vlieseinlage

1 Vlieseinlagen auf alle Flossenteile bügeln.

2 Jede Flosse rechts auf rechts zusammennähen, dabei eine Wendeöffnung dort lassen, wo sie später angesetzt wird.

3 Die Flossen wenden und mit Zierstichen versehen.

4 Für die Augen zwei Kreise mit je 4 cm ø ausschneiden.

5 Den Körper ausschneiden und die Augen mit einem kleinen Zickzackstich aufnähen.

6 Beide Körperteile rechts auf rechts aufeinanderlegen und die Flossen dazwischen platzieren. Die Flossen zeigen dabei nach innen und werden nur an der Wendeöffnung festgenäht. Die Spitzen der Flossen nach innen klappen, damit sie nicht mitgefasst werden.

7 Alles zusammennähen und versäubern oder eine französische Naht mit Zierstichen nähen.

8 Die Oberkante doppelt nach innen einschlagen und einen Tunnel nähen.

9 Die Kordel durch den Tunnel ziehen.

10 Die Augen anbringen.

2

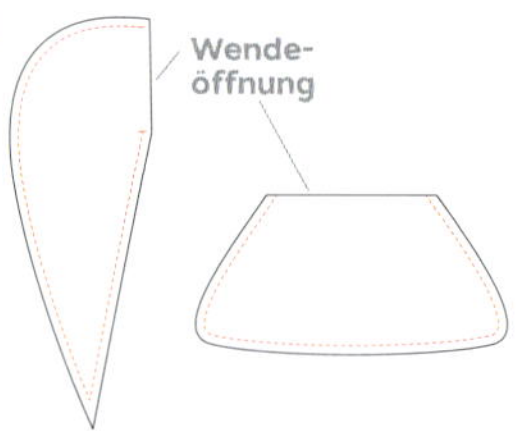

6

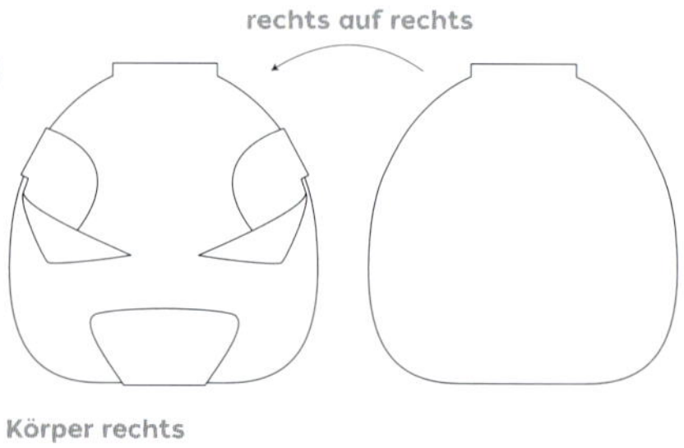

Charmanter
Vielfraß

STABILO
Pen 68 Neon
Party Style
LOVE LOVE

Ordnung & Teenager?

Ich bin der Ansicht, dass das Äußere das Innere widerspiegelt. So kann ein Teenie-Zimmer nur chaotisch sein, da es ja im Kopf ebenso aussieht! Wie soll man Ordnung halten, wenn die gesamte Lebenswelt auf den Kopf gestellt wird? Oder warum sollte man sich über Ordnung auf dem Schreibtisch Gedanken machen, wenn das Gehirn gerade neu verdrahtet wird? Also fliegt wie im Kleinkindalter wieder alles munter durch die Gegend. Ich weiß aus eigener Erfahrung, dass man in diesem Zustand keine Zeit mehr findet, Buntstifte nach Farben sortiert in ein Schulmäppchen zu ordnen.

Folglich heißt es: Unkompliziert muss es sein! Stifte in das Schlampermäppchen schmeißen, Kleinkram in einen Korb. Einigermaßen cool sollte es auch noch aussehen. Ganz stilgerecht sind daher alle Teile aus alten Jeans genäht. Die Modelle sind vor allem für Nähunerfahrene geeignet. Vielleicht findet sogar der Nachwuchs selbst Spaß an der Umsetzung der Upcycling-Ideen?

JEANS-UTENSILO

SCHNELL GENÄHT und universell einsetzbar ist der kleine Behälter aus einem Jeans-Hosenbein.

GRÖSSE

24-30 cm hoch

MATERIAL

- Jeans-Hosenbein, ca. 30-40 cm lang
- Nähnadel für Jeans

1 Das Hosenbein auf links wenden und flach hinlegen, sodass die beiden Seitennähte an den Rändern liegen. Nun den Schlauch an der Unterkante zusammennähen und die Nahtzugaben versäubern.

2 Für die Tiefe des Bodens auf beiden Seiten jeweils Seiten- und Bodennaht auseinanderfalten, beide Nähte aufeinanderlegen und die unteren Ecken 10 cm breit mit einer Quernaht absteppen. Das überstehende Stoffdreieck abschneiden.

3 Das Utensilo wenden und den Rand nach unten krempeln.

1

2

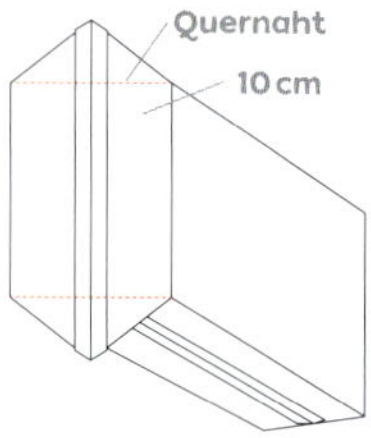

JEANS IM RAHMEN

FÜR DIESE PRAKTISCHE AUFBEWAHRUNG benötigt man noch nicht einmal eine Nähmaschine – einspannen und fertig! Sie ist witzige Wanddekoration und nützliches Element in einem.

GRÖSSE

ø 17,5 cm, 22 cm und 27 cm

MATERIAL

- Jeansstoff mit Gesäßtaschen
- Stickrahmen, ø 17,5 cm, 22 cm und 27 cm

1 Für jeden Rahmen ein passendes Stoffstück mit Hosentasche zwischen den Ringen mit Kraft einspannen.

2 Den überschüssigen Stoff auf der Rückseite abschneiden.

3 Der Rahmen kann ganz leicht am Rand aufgehängt werden.

Coole Accessoires für
den Teenie-Schreibtisch

JEANSBEUTEL

FÜRS PAUSENBROT, KABEL-SALAT oder mit Trägern als kleine Handtasche – dieser Beutel ist im Handumdrehen genäht!

GRÖSSE

ca. 32 cm lang

MATERIAL

- Jeans-Hosenbein, ca. 40 cm lang
- Gürtel
- Nähnadel für Jeans

1 Das Hosenbein auf links wenden und flach hinlegen, sodass die beiden Seitennähte an den Rändern liegen. Nun den Schlauch an der Unterkante zusammennähen und die Nahtzugaben versäubern.

1

2

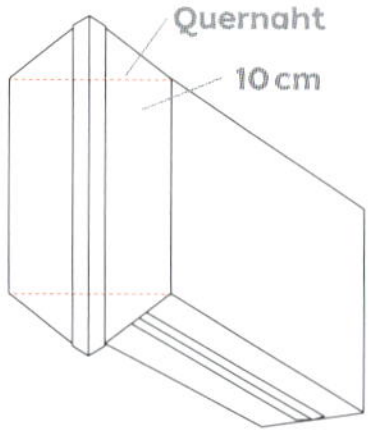

2 Für die Tiefe des Bodens auf beiden Seiten jeweils Seiten- und Bodennaht auseinanderfalten, beide Nähte aufeinanderlegen und die unteren Ecken 10 cm breit mit einer Quernaht absteppen. Das überstehende Stoffdreieck abschneiden.

3 Den Gürtel am oberen Rand mit ein paar Stichen fixieren. Wer möchte, dass er ganz fest sitzt, verwendet eine der Gürtelschlaufen und bringt sie zusätzlich auf dem Rückteil der Tasche an. Gürtel durchziehen. Fertig!

ROLLMAPPE

KLEINE, MITTELGROSSE UND AUCH GROSSE KINDER werden diese Rolltasche lieben! Sie ist einfach superpraktisch – egal, ob sie für Buntstifte, die Pinselsammlung oder Schraubendreher genutzt wird.

GRÖSSE

ca. 57 cm x 20 cm

MATERIAL

- Jeans-Hosenbein, ca. 60 cm lang
- Kleiner Gürtel
- Nähnadel für Jeans

1 Das Hosenbein in Längsrichtung aufschneiden, sodass ein flaches Stoffstück entsteht.

2 Rechts und links ca. 1 cm doppelt einschlagen, bügeln und umnähen.

3 Oben und unten 1 cm einschlagen, bügeln und festnähen.

4 Nun den oberen Rand 5 cm nach unten einschlagen und seitlich fixieren. Der untere Rand wird 15 cm eingeschlagen und an den Seiten festgenäht.

5 Für die Unterteilungen einzelne gerade Nähte in ca. 2 cm Abstand zueinander von der Unterkante bis zum oberen Rand der eingeschlagenen Tasche steppen. Am Anfang und Ende der Naht vor und zurück nähen und die Naht so verriegeln. Je nach Verwendungszweck können die Fächer schmaler oder breiter eingeteilt werden, eventuell sind auch etwas kürzere Nähte sinnvoll.

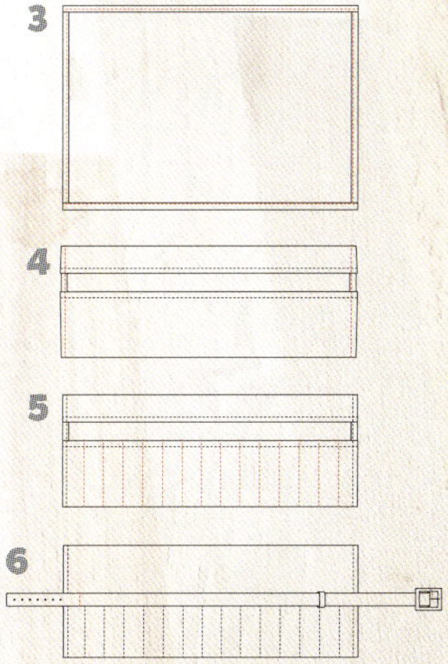

6 Den Gürtel auf der Vorderseite der Tasche festnähen.

Auch für Stifte oder Pinsel perfekt geeignet

JEANSTÄSCHCHEN

SCHLAMPERMÄPPCHEN, Lippenstifttäschchen oder eine neue Heimat für die Ladestation? Die alte Jeans hat den Vorteil, dass die Außentasche gleich drauf ist!

Und was ist cooler, als die alte Lieblingsjeans noch weiter nutzen zu können?

GRÖSSE

ca. 18 cm x 18 cm

MATERIAL

- Jeansstoff, 2x 20 cm x 20 cm, davon ein Stoffteil mit Gesäßtasche
- Reißverschluss, 20 cm
- Nähnadel für Jeans

SCHNITTMUSTERBOGEN A

ZUSCHNITT

- Schnittteil „Jeanstäschchen", 2x

1 Bei jedem Stoffteil die beiden unteren Falten rechts auf rechts aufeinanderlegen und zusammennähen. Die Kanten rundherum versäubern.

2 Ein Stoffteil mit der rechten Seite nach oben hinlegen und den Reißverschluss mit der Vorderseite nach unten an der oberen Längskante platzieren, sodass der Rand des Reißverschlusses an der Stoffkante liegt. Feststecken und füßchenbreit annähen.

3 Den Reißverschluss nach oben umklappen, sodass nun seine Vorderseite oben liegt. Das zweite Stoffteil mit der rechten Seite nach unten auf den freien Rand des Reißverschlusses legen, feststecken und annähen. Es liegen nun beide rechten Stoffseiten aufeinander.

4 Die Stoffteile auseinanderfalten, bügeln und knappkantig am Reißverschluss absteppen.

5 Die Tasche wieder zusammenfalten, sodass die rechten Seiten aufeinanderliegen. Den Reißverschluss bis zur Hälfte öffnen. Die Stoffkanten rundherum feststecken und zusammennähen.

6 Das Täschchen durch den Reißverschluss auf rechts wenden.

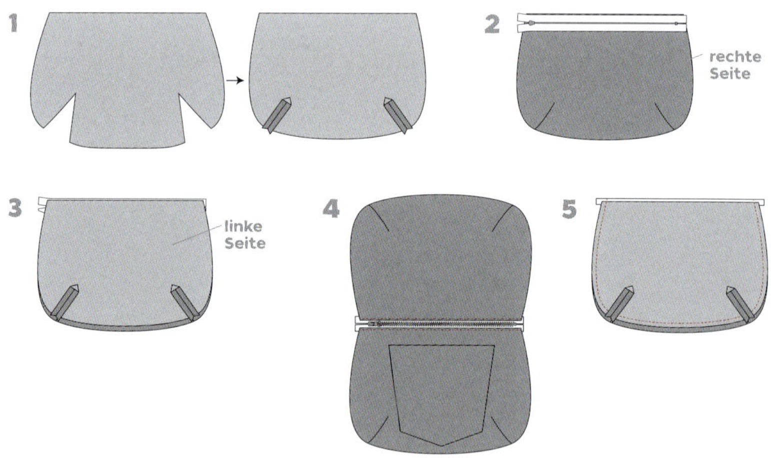

Zweites Leben für Lieblings-jeans

Ordnen & Verstauen

Ich glaube, ich hatte es schon erwähnt: Ordnung muss leicht und unkompliziert funktionieren! Eine Box mit einem Deckel, der mit einer Schleife zu schließen ist? Sie wird vermutlich nicht befüllt, da das Öffnen zu aufwendig ist. Drehverschlüsse und knifflige oder schlecht funktionierende Schubfächer lassen unseren inneren Aufräum-Schweinehund vor Begeisterung hüpfen und die zu verstauenden Sachen irgendwo landen – nur leider nicht dort, wo wir sie eigentlich hinpacken wollten.

Unser innerer Schweinehund ist übrigens ein sehr possierliches Tierchen, das uns hervorragend austricksen kann, wenn es um das Thema Aufräumen geht. Um ihn nicht permanent zu füttern, habe ich ein paar Tipps für euch, wie er dauerhaft in seiner Hundehütte bleibt.

1. KLEINE SCHRITTE, KLEINE PROJEKTE

Jahr um Jahr sind alle Sachen in dein Zuhause gewandert und haben Schubladen, Schränke und Zimmer verstopft. Und nun soll es in einer Viertelstunde so aussehen, als ob das Zimmer aus einer Wohnzeitschrift stammt? Das wird nicht funktionieren! Es hat lange gedauert, alles vollzuräumen, und es wird auch ein Weilchen dauern, bis alles wieder wunderbar ausgemistet ist. Also mach kleine Schritte mit kleinen Projekten: erst den Aufbewahrungskorb, dann den Schrank und danach den nächsten. Sonst wird die Frustration viel zu schnell zu groß und man hört gleich ganz auf. Falls dir die Schritte immer noch zu groß sind, mach sie kleiner. Beginne mit einer Dose, die du aufräumst, mit einem Schuhkarton, den du ausmistest. Und irgendwann wirst du merken, dass die Schritte immer größer werden können.

2. NICHT AUFGEBEN!

Wie gesagt: Was jahrelang gesammelt wurde, verschwindet nicht an einem Tag. Man muss sich ganz bewusst sagen: Das kann ein bisschen dauern! Das ist nicht schlimm. Für tolle Ergebnisse muss man einige Zeit investieren. Aufschieben hilft übrigens nicht, denn je länger man mit dem Aufräumen oder Ausmisten wartet, desto härter wird es. Und wenn gar nichts hilft: Stelle dir vor, welche Nachteile das Aufschieben haben könnte. Male dir unbezahlte Rechnungen und verloren gegangene Dokumente aus!

3. ES MUSS NICHT PERFEKT SEIN

Oho, wer will nicht die perfekte Wohnung haben? Es gibt so viele wunderbare Anregungen und Vorbilder und alle sehen unglaublich cool aus! Ein toller begehbarer Kleiderschrank mit Tageslicht ist aber nicht überall einzurichten. Niemand lebt in einem Deko-Magazin, sondern jeder hat ein ganz eigenes, schönes Leben. Lass dich also inspirieren, aber nicht frustrieren!

4. ALLES ALLEIN SCHAFFEN?

Mal ganz ehrlich: Nicht jedem liegt das Aufräumen und Ausmisten. Hol dir Hilfe, zum Beispiel bei einer Freundin, die dich unterstützt oder motiviert. Es gibt auch professionelle Unterstützung, die man buchen kann. Wahrscheinlich lebst du nicht allein im Haushalt. Also: Wer mit zugemüllt hat, darf auch beim Entmüllen helfen!

5. ERWARTEN, DASS ALLES TADELLOS ORDENTLICH BLEIBT

Ganz oft höre ich das Argument: „Ich bin ja ganz ordentlich, aber der Rest der Familie …" Ich kenne das Dilemma, dass eine Reihe weiterer Personen ihr Zeug wild durch die Wohnung oder das Haus schleppt und umverteilt. Erkläre ihnen dein neues System. Lebe ihnen vor, wie es funktioniert. Hab ein bisschen Geduld und erkläre es ihnen notfalls noch einmal. Aber: Siehe Punkt 3 – nichts ist perfekt!

Und ganz wichtig: Belohne dich! Deine größte Belohnung wird die wunderbare Ordnung sein. Bis das erreicht ist, gönne dir ab und an für ein erreichtes Ziel (Bücher aussortiert, Kleiderschrank ausgemistet) etwas Nettes!

In diesem Kapitel kommen nun die Basics für das große Aufräumen: Ordnungsboxen, Körbe, Taschen! Ich zeige euch viele Varianten, wie man stabile Aufbewahrungsbehälter nähen kann.

GROSSE BOX

HIER PASST ALLES REIN: Die Box hat richtig viel Fassungsvermögen und trotzdem den „leichten“ Look einer genähten Tasche. Sie passt mit ihrer Größe unter anderem in die quadratischen Fächer gängiger Regale.

Aus fester Plane genäht, braucht sie keine weitere Verstärkung. Wer sie richtig robust haben möchte, näht sie doppelschichtig mit einer stabilen Einlage.

1 Die Vlieseinlage passgenau auf die linke Seite eines zugeschnittenen Stoffteils legen und aufbügeln.

2 Beide Stoffteile rechts auf rechts übereinanderlegen und alle oberen Kanten schließen.

3 Nun die offenen Ecken auseinanderziehen, sodass jeweils die Kanten des Außen- und des Innenstoffs aufeinanderliegen.

4 Die vier Öffnungen schließen, dabei eine Wendeöffnung dort lassen, wo zwei Innenstoffe aufeinandertreffen.

5 Wenden und die beiden Korbschichten ineinanderziehen.

6 Den oberen Rand knappkantig absteppen und die Wendeöffnung im Innenstoff von Hand schließen.

7 Auf Wunsch den Rand nach außen umklappen oder mit einer Lederschlaufe verzieren.

GRÖSSE

ca. 28 cm x 28 cm, ca. 30 cm hoch

MATERIAL

- Fester Baumwollstoff in Weiß, 180 cm x 90 cm
- Vlieseinlage, 90 cm x 90 cm
- Lederband, 12 cm lang

SCHNITTMUSTERBOGEN B

ZUSCHNITT

- Schnittteil „Große Box“, 2x aus Baumwollstoff, 1x aus Vlieseinlage

2

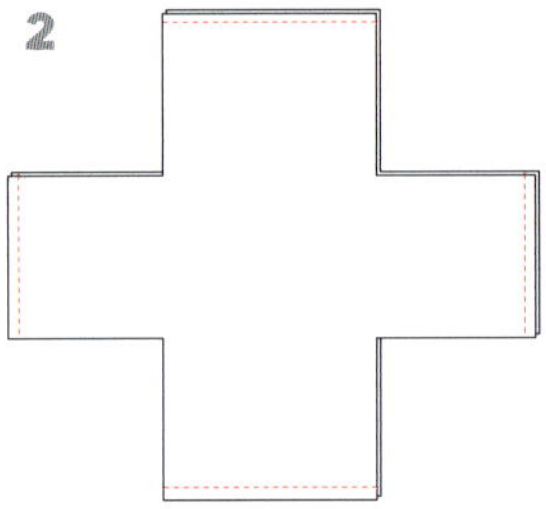

3

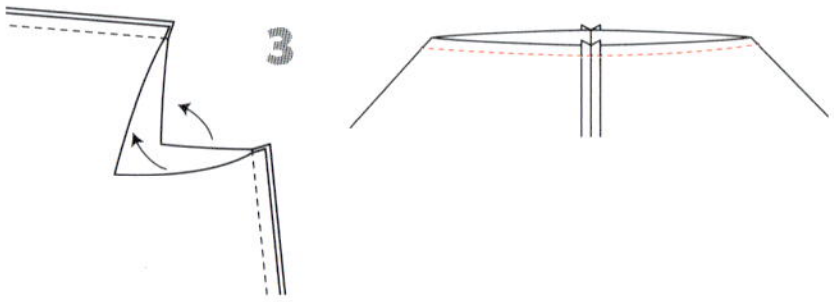

Hinweis: Die Box kann auch aus Filz oder veganem Leder genäht werden – dann benötigt man keinen Futterstoff und auch keine Vlieseinlage.

ER IST WIEDER DA
Bringen
Ordnung ins
Wohnzimmer-
regal

KLEINE BOX

EINE STABILE BOX MIT ANDEREM SCHNITT! Das, was an Material bei der großen Box schon von Anfang an weggelassen wird, schneidet man hier erst am Ende ab. Das hat den Vorteil, dass man je nach Bedarf (z.B. Tiefe eines Regals) die Bodengröße noch anpassen kann. Nebeneinander gestellt, sind die kleinen Boxen perfekt zum Sortieren von Kleinkram.

GRÖSSE

ca. 15 cm x 21 cm, ca. 21 cm hoch

MATERIAL

- Innen- und Außenstoff: fester Baumwollstoff in Weiß, 2x 75 cm x 35 cm
- Vlieseinlage, 2x 75 cm x 35 cm
- Lederband, 7 cm lang

1 Vlieseinlage auf beide Stoffteile aufbügeln.

2 Beide Stoffe rechts auf rechts aufeinanderlegen und die Längsseite oben zusammenstecken. Füßchenbreit absteppen, dabei seitlich versetzt eine Wendeöffnung lassen. Die Nahtzugaben auseinanderbügeln.

3 Den Stoff rechts auf rechts quer zusammenfalten – Innenstoff auf Innenstoff, Außenstoff auf Außenstoff. Alle drei Seiten zusammenstecken und rundherum absteppen.

4 Für die Tiefe des Bodens an jeder Ecke jeweils die seitliche und die untere Naht (bzw. Bruchkante) auseinanderziehen und beide aufeinanderlegen, die Ecken flachbügeln und 14 cm breit mit einer Quernaht absteppen. (Je breiter die Ecken abgenäht werden, desto größer wird die Standfläche des Körbchens). Das überstehende Stoffdreieck abschneiden.

5 Alles auf rechts wenden und den Innenstoff in den Außenstoff ziehen.

6 Den oberen Rand rundherum knappkantig absteppen und dabei die Wendeöffnung schließen. Auf Wunsch kann der obere Rand umgeschlagen und mit einer Lederschlaufe verziert werden.

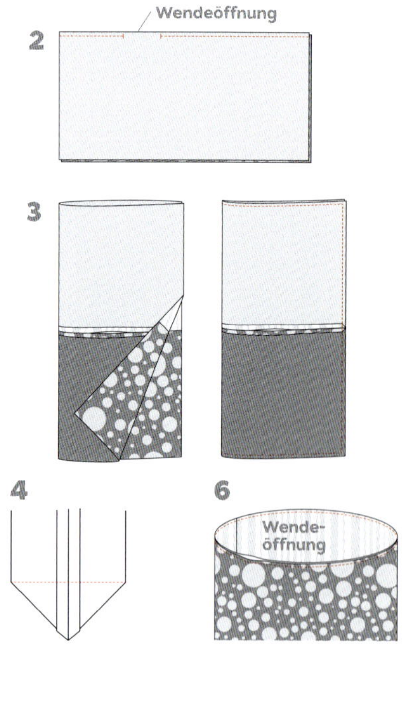

GROSSER TÜTENKORB

DER KORB IM TÜTENLOOK aus veganem Leder ist nicht nur schnell genäht. Er ist auch ein dekorativer Hingucker, der alles aufnimmt – egal, ob es sich um Wolle, Wäsche oder Vorräte handelt.

GRÖSSE

ca. 30 cm x 20 cm, ca. 40 cm hoch

MATERIAL

- Veganes Leder, 100 cm x 50 cm

1 Das zugeschnittene vegane Leder in Querrichtung rechts auf rechts zur Hälfte legen und an der Längsseite sowie an einer Querseite zusammennähen.

2 Für die Tiefe des Korbbodens auf beiden Seiten jeweils Seiten- und Bodennaht auseinanderfalten und beide Nähte aufeinanderlegen, die unteren Ecken flachdrücken und 20 cm breit mit einer Quernaht absteppen. Das überstehende Stoffdreieck abschneiden.

1

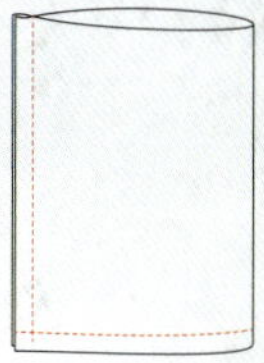

2

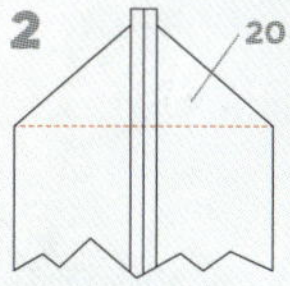

2

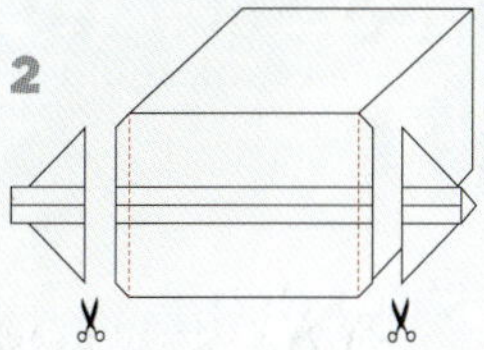

3 Den Korb auf rechts wenden. Auf Wunsch kann der obere Rand locker umgeschlagen werden.

Toller Helfer in vielen Lebenslagen

AUFBEWAHRUNGSSACK

DIESER SACK IST EIN WAHRES MULTITALENT! Mit einem stabilen Boden aus veganem Leder nimmt er gerne Dinge auf, die ein bisschen mehr Unterstützung brauchen und nicht zerdrückt werden dürfen – er ist also optimal für das immer wiederkehrende Thema: „Wie bewahre ich Geschenkpapierrollen auf?“ Einfach den Sack an der Kordel aufhängen. Wer mag, darf ihn natürlich auch in die Ecke stellen.

1 Den Stoff an beiden Schmalseiten jeweils ca. 1 cm nach links einschlagen und umnähen.

2 Veganes Leder und Stoff rechts auf rechts übereinanderlegen und an der Längsnaht zusammennähen.

3 Den oberen Rand des Stoffes jeweils 3 cm doppelt nach links umschlagen und einen Tunnel nähen.

4 Das Leder-Stoff-Rechteck in Längsrichtung rechts auf rechts zur Hälfte falten (Stoff liegt auf Stoff, Leder liegt auf Leder) und an der Längsseite sowie am Boden zusammennähen, dabei die Tunnelöffnung offen lassen.

5 Für die Tiefe des Bodens auf beiden Seiten jeweils Seiten- und Bodennaht auseinanderfalten und beide Nähte aufeinanderlegen, die unteren Ecken flachdrücken und 20 cm breit mit einer Quernaht absteppen. Das überstehende Stoffdreieck abschneiden.

6 Das Band durch den Tunnel ziehen und die Enden zusammenknoten.

GRÖSSE

ca. 100 cm hoch

MATERIAL

- Veganes Leder, 100 cm x 60 cm
- Baumwollstoff mit Chevronmuster in Blau-Weiß, 102 cm x 50 cm
- Band oder Kordel in passender Farbe, 150 cm

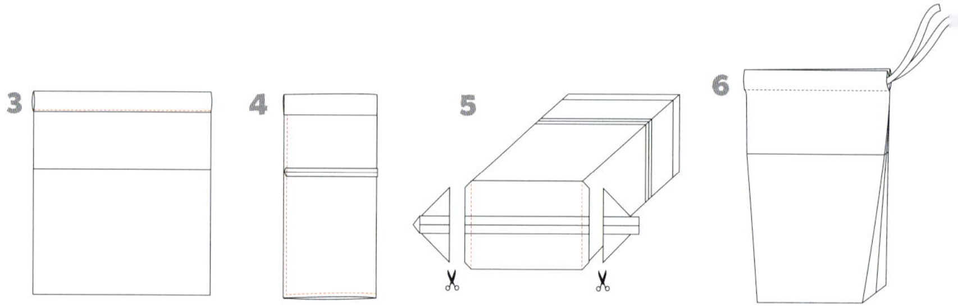

GESCHÜTZTE AUFBEWAHRUNG Was für Geschenkpapier gut ist, ist für andere schwer zu verstauende Dinge natürlich ebenso perfekt geeignet: etwa für den Strandsonnenschirm, die Bällesammlung oder Gartenutensilien. An Haken, die in der Kellerwand befestigt werden, lässt sich alles hübsch ordentlich nebeneinander aufhängen. Der Fußboden bleibt frei und die unhandlichen Utensilien sind praktisch untergebracht. Dabei hat veganes Leder noch einen Vorteil: Es lässt sich beschriften, sodass man sofort weiß, was in dem Sack aufbewahrt wird. Wer dies mit einem wasserfesten Stift tut, kann den Sack sogar waschen.

Multitalent zum
Aufbewahren
sperriger Dinge

UTENSILOTASCHE

DIESE TASCHEN SIND KLEINE GEHEIMNISTRÄGER. Sie sehen aus wie Frühstücksbeutel und kommen immer dann zum Einsatz, wenn es darum geht, Dinge zu verstauen, die nicht jeder sofort sehen soll oder die ein bisschen mehr Schutz brauchen. Zum Beispiel Hygieneartikel im Bad oder im Gäste-WC oder das Notfallpack in der Büroschublade.

Man kann die Tasche auch aus Wachstuch nähen und als Frühstücksbeutel verwenden.

1 Die Vlieseinlage passgenau auf den zugeschnittenen Innenstoff aufbügeln.

2 Nun den Innenstoff rechts auf rechts quer zusammenfalten und die beiden Seiten knappkantig zunähen, dabei auf einer Seite eine Wendeöffnung lassen.

3 Den Stoff so auseinanderziehen und zusammenfalten, dass die beiden kurzen Bodenseiten aufeinanderliegen.

4 Den Boden knappkantig abnähen.

5 Den Außenstoff ebenfalls rechts auf rechts zusammenlegen, an den Seiten zusammennähen (hier ohne Öffnung) und die Bodennaht schließen.

6 Beide Taschen so ineinander stellen, dass beim Außenstoff die rechte Seite nach innen, beim Innenstoff die rechte Seite nach außen zeigt.

7 Beide Taschen am oberen Rand zusammennähen. Danach die Tasche durch die Wendeöffnung wenden. Die beiden Lagen des Innenstoffs an der Wendeöffnung sauber aufeinanderlegen und knappkantig absteppen. Die Innentasche in die Außentasche stülpen.

8 Das Klettband außen auf der Vorder- und Rückseite der Tasche aufnähen. Zur Dekoration können noch kleine Griffe aus veganem Leder angebracht werden.

GRÖSSE

ca. 18 cm hoch

MATERIAL

- Außenstoff: Baumwollstoff, Wachstuch oder veganes Leder, 30 cm x 80 cm
- Innenstoff: Baumwollstoff oder Wachstuch, 30 cm x 80 cm
- Vlieseinlage, 30 cm x 80 cm
- Klettverschluss, ca. 5 cm

SCHNITTMUSTERBOGEN B

ZUSCHNITT

- Schnittteil „Utensilotasche“, je 1x aus Außenstoff, Innenstoff und Vlieseinlage

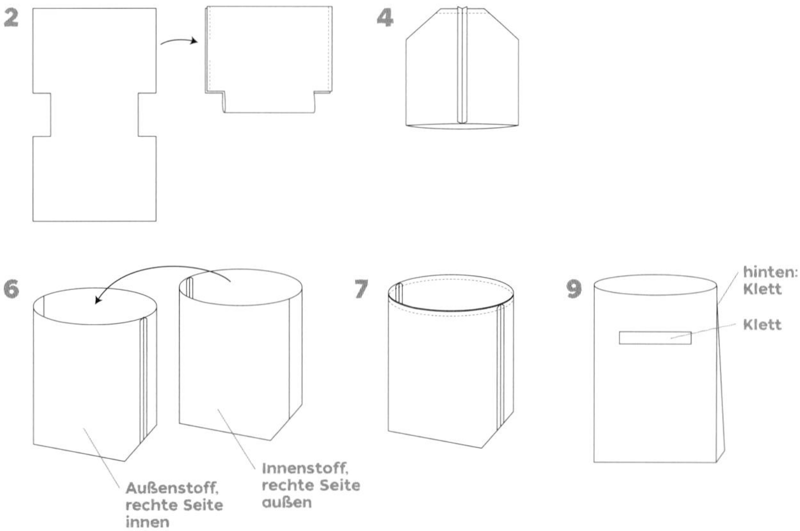

Verwendet man ein Wachstuch als Innenstoff, ist die Tasche abwaschbar!

BESTECKTASCHE

FÜR DAS MÜSLI im Büro oder den Nudelsalat beim Picknick – statt Einwegbesteck ist der eigene Löffel die viel umweltfreundlichere Variante! Damit das Besteck sauber und sicher transportiert werden kann, bekommt es eine kleine Rolltasche, in der auch gleich noch eine Serviette Platz hat.

Die Tasche ist innen mit einem beschichteten Stoff versehen, damit man sie nicht jedes Mal komplett waschen muss, wenn mal keine Zeit für eine Spülsession ist.

GRÖSSE

24 cm x 19,5 cm

MATERIAL

- Baumwollstoff, 22 cm x 44 cm
- beschichteter Stoff oder Wachstuch, 22 cm x 44 cm
- Band für die Schlaufe, 55 cm

1 Baumwollstoff und Wachstuch rechts auf rechts legen und knappkantig zusammennähen. Dabei zum Wenden eine Öffnung lassen.

2 Die Ecken abschneiden, alles wenden und sehr vorsichtig bügeln.

3 Die obere Längskante 4 cm einschlagen, die untere 13 cm. Beides umbügeln und feststecken.

4 Das Band mit in die Öffnung schieben, alles zustecken und rechts und links an der Kante entlang knapp absteppen und dabei die Öffnung schließen sowie die oberen und die und unteren Klappen festnähen.

5 Zwei „Taschen" nähen, indem jeweils zwei Nähte im Anstand von 5 cm vom rechten Rand gesetzt werden. Die beiden Nähte nicht bis zum Taschenende hochnähen, sondern nur 10 cm lang absteppen, damit kleinere Besteckteile nicht „verschwinden".

FAMILIENAUSFLUG **Wer mag, kann die Tasche doppelt so groß nähen (44 cm statt 22 cm breit), damit das gesamte Familienbesteck für den Ausflug hineinpasst.**

So bleiben
Besteck
und Tasche
sauber!

Ordnung in der Küche

Eine Küche ordentlich zu halten, ist nicht nur deshalb eine Herausforderung, weil dort immer wieder dreckigem Geschirr, benutzten Töpfen und Krümelhäufchen der Kampf angesagt werden muss, sondern weil sie oft auch der Ort ist, an dem alles landet – Post, zu unterschreibende Elternbriefe, Einkäufe, Päckchen etc. Und so schieben wir alles von rechts nach links und wieder zurück, um ein bisschen Platz zu haben und die Arbeitsflächen nutzen zu können.

Eine unordentliche Küche ist dreifach problematisch: Wir haben keinen Platz zum Kochen. Das Umherschieben all der Dinge kostet uns unnötig Zeit. Vollgestellte Flächen lassen sich nicht sauber halten. Wir hätten doch alle gerne eine Küche, die Ruhe und Ordnung ausstrahlt und in der wir wunderbare Mahlzeiten zaubern. Um Ordnung in die Küche zu bekommen und dort auch dauerhaft zu behalten, gibt es deshalb nur einen Tipp: Oberflächen freiräumen! Das klingt erst einmal banal, hat aber seine Tücken. Denn viele Dinge, die auf der Arbeitsplatte stehen, brauchen dann einen neuen Ort – der meist in der Küche nicht vorhanden ist. Fangen wir also ganz von vorne an:

1. DER KAMPF GEGEN DIE BEQUEMLICHKEIT – IST ES WIRKLICH EINFACHER?

Ich kenne es selbst: Es ist so einfach, alles in der Küche fallen zu lassen! Und so wird die Küche ein Sammelpunkt für Hausaufgaben, Geldbeutel, Schlüssel, Stifte, Notizzettel, Schulranzen …

Das häufigste Argument, warum Sachen auf die Ablage gestellt werden, ist die Bequemlichkeit. Aber ist es das wirklich? Ist es tatsächlich bequemer, alle Dinge permanent hin und her zu schieben, um Platz zum Zubereiten von Mahlzeiten zu gewinnen? Opfern wir damit nicht Raum und Zeit der Bequemlichkeit? Was ist uns mehr wert?

Also: Raus mit den Sachen! Raus mit den Batterievorräten, Zahnspangenbehältern, Ersatzrasierklingen und Rechnungen! Packt alles dorthin, wo es Sinn hat. Und in der Zukunft gleich alles an den richtigen Ort räumen und gar nicht erst in die Küche tragen. Sucht einen sinnvollen Ort für den Schulranzen, an den er nun nach der Schule als Erstes gebracht werden muss, und legt die Post in das Ablagekörbchen im Büro.

2. AUSSORTIEREN, WAS WIR NICHT NUTZEN!

Eine der Ursachen für Unordnung im Haushalt ist unsere Tendenz, zu viele Dinge auf dem verfügbaren Raum unterzubringen. Dann wird es schwierig, sie ordentlich zu lagern, zu finden und schnell auf sie zuzugreifen. In der Küche stopfen wir gerne Schränke und Regale mit Kochutensilien und Geräten voll, die wir irgendwann einmal unbedingt haben mussten. Also heißt es ausmisten! Alles, was man nicht braucht, kommt weg. Sicher werdet ihr unglaublich viele Sachen finden, die ihr noch nie verwendet habt. Der Kartoffelstampfer? Überlegt ehrlich, wann ihr ihn zum letzten Mal benutzt habt … 5 Milchkännchen, 3 Geflügelscheren, 72 Kaffeelöffel? Auch doppelte Dinge dürfen einen neuen Besitzer finden.

3. ALLES BRAUCHT EINEN PLATZ

Nun bekommen alle Küchenartikel einen festen Platz. Besteck huscht in die Besteckschublade, Lebensmittel werden ordentlich einsortiert, Pfannen ineinander gestapelt. Ganz wichtig ist, dass wirklich alles einen festen Ort erhält und nicht nur irgendwo dazwischen geschoben wird. Um mehr Stauraum zu schaffen, gibt es dabei einen einfachen Trick: Hängen! Unter Schränke lassen sich Leisten montieren, an die Aufbewahrungsbehälter gehängt werden. Das ist besonders praktisch für Dinge, die man gerne schnell griffbereit hat, etwa Gewürze oder auch den Basilikumtopf. Beim Einräumen lasst aber noch ein bisschen Platz, denn jetzt geht es an die Arbeitsplatte.

4. WAS BRAUCHE ICH WIRKLICH IMMER?

Es gibt viele Sachen, die man automatisch auf die Arbeitsfläche stellt: Kaffeemaschine, Toaster, Wasserkocher. Aber wie oft benutzt ihr diese Dinge wirklich? Oft ist es doch so: Ihr macht euch morgens einen Toast. Das dauert 10 Minuten. Dann steht der Toaster 23 Stunden und 50 Minuten arbeitslos in der Gegend herum. Könnte also in den Schrank, oder? Oder die Kaffeemühle, die nur am Wochenende angeworfen wird … So ist es mit vielen Gegenständen. Denkt einmal völlig neu darüber nach! Damit bleiben auf dem Küchencounter nur die allerwichtigsten Dinge stehen und es ist auf einmal jede Menge Platz zum Schnippeln, Kochen und Backen …

HÄNGETASCHEN

OB FÜR BESTECK ODER FÜR DIE PFEFFERMÜHLE – die praktischen hängenden Aufbewahrungstaschen sorgen für Ordnung. Genäht werden sie aus doppeltem Stoff, damit sie schön stabil sind. Je nach Verwendungszweck bekommen sie eine abwaschbare Innenseite aus Wachstuch.

Die Variante aus veganem Leder kommt ohne Futter aus und ist ruckzuck genäht.

GRÖSSE

ca. 18 cm

MATERIAL

- Außenstoff für die Seitenwand: Baumwollstoff, Wachstuch oder veganes Leder, 38 cm x 20 cm
- Innenstoff für die Seitenwand: Baumwollstoff oder Wachstuch, 38 cm x 20 cm
- Vlieseinlage, 38 cm x 20 cm
- Außenstoff für den Boden: Baumwollstoff, Wachstuch oder veganes Leder, 15 cm x 10 cm
- Innenstoffstoff für den Boden: Baumwollstoff oder Wachstuch, 15 cm x 10 cm
- Vlieseinlage für den Boden, 15 cm x 10 cm
- Breites Band, Länge nach Wunsch

SCHNITTMUSTERBOGEN A

ZUSCHNITT

- Schnittteil „Hängetaschen Boden", je 1x aus Außenstoff, Innenstoff und Vlieseinlage

1 Die Vlieseinlage auf die linke Seite der Außenstoffteile bügeln.

2 Den Außenstoff für die Seitenwände in Querrichtung rechts auf rechts zur Hälfte falten, zusammenstecken und an der kurzen Seite zusammennähen. Die Nahtzugaben auseinanderbügeln.

3 Den Boden aus Außenstoff rundherum rechts auf rechts an der Kante des Schlauchs feststecken und annähen. Die Nahtzugaben an den Rundungen vorsichtig einschneiden.

4 Die Schritte 2 und 3 mit den Innenteilen wiederholen.

5 Die beiden kleinen Taschen rechts auf rechts ineinanderstellen, dabei zeigt die rechte Seite des Innenstoffs nach außen, die des Außenstoffs nach innen.

6 Das Aufhängeband zu einer Schlaufe legen. Zwischen die Stoffschichten an der offenen Oberkante schieben und in der hinteren Mitte feststecken, sodass die Schlaufe nach innen zeigt.

7 Die oberen Stoffkanten zusammenstecken und füßchenbreit zusammennähen, dabei eine Wendeöffnung lassen.

8 Die Tasche vorsichtig wenden und in Form bügeln.

9 Die Oberkante einmal rundherum knappkantig absteppen, dabei die Wendeöffnung schließen.

2

3
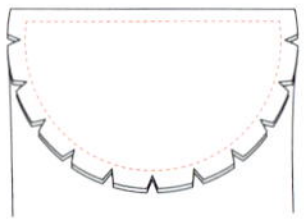

5
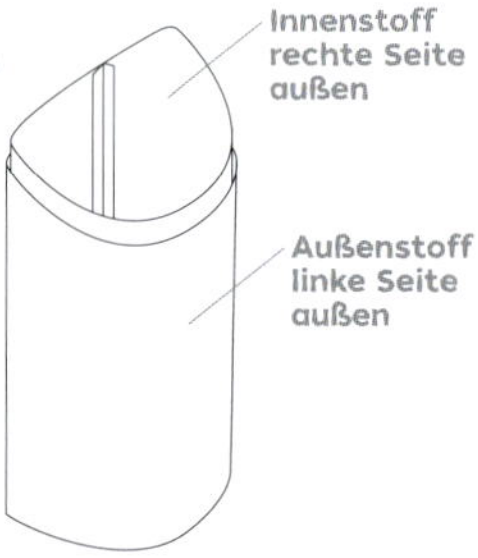

6
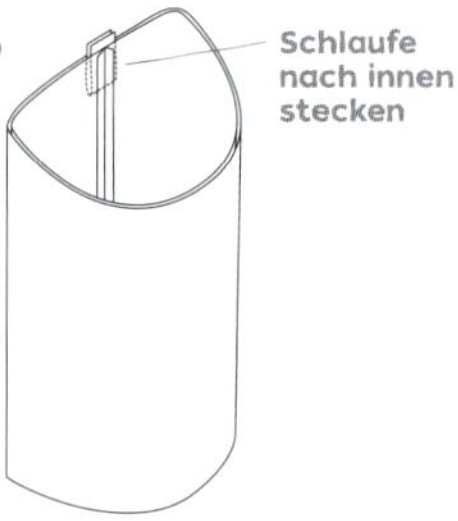

9
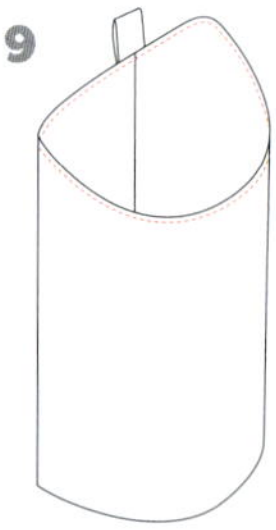

CHAOS IN DER SPÜLMASCHINE Die meisten schwören auf ein bestimmtes System beim Einräumen der Spülmaschine. Das beste Ergebnis erzielt man jedoch, wenn man das Geschirr gerade nicht systematisch einsortiert. Ein wenig Chaos verbessert die Reinigungsleistung, weil das Wasser besser in alle Ecken und Zwischenräume abgelenkt wird.

Das schafft Platz auf der Arbeitsfläche! Die kleinen Körbchen sind aber auch perfekt, um Kleinkram im Kinderzimmer oder im Büro ordentlich zu verstauen.

TÜTENSCHLAUCH

VOM EINKAUF ZURÜCK und das Gemüse hat seine Plastiktüte verlassen? Damit sie noch ein weiteres Mal ihren Dienst versehen kann, wandert die Tüte in den Schlauch – einfach oben hineinstopfen und unten wieder herausziehen, wenn ein Müllbeutel oder Ähnliches gebraucht wird.

Der Tütenschlauch ist übrigens einer meiner ganz großen Favoriten, da er endlich Herr über meine Einkaufstütensammlung geworden und dabei auch noch umweltfreundlich ist!

Hinweis: Der Schlauch kann auch aus mehreren Stoffen zusammengesetzt werden – dabei sollte die Länge am Ende 50 cm betragen.

1 Die Stoffteile an den Längskanten rechts auf rechts aufeinanderlegen, feststecken und zusammennähen. Die Nahtzugaben zusammen versäubern, nach oben bügeln und die Naht von der rechten Stoffseite noch einmal knappkantig absteppen.

2 Den oberen und unteren Rand des fertigen Stoffstücks jeweils 1 cm doppelt nach links einschlagen und füßchenbreit umnähen.

3 In den unteren Rand das Gummiband einziehen und rechts und links so festnähen, dass der untere Rand gekräuselt ist.

4 Nun die Längsseiten rechts auf rechts legen und am Rand zusammennähen. Die Nahtzugaben versäubern und auseinanderbügeln.

5 Den Schlauch wenden. Den Haltestreifen am oberen Rand an zwei gegenüberliegenden Punkten feststecken und festnähen. Dabei am Streifenende zunächst ein Quadrat rundherum, dann noch einmal in der Mitte über Kreuz nähen, damit er stabil befestigt ist.

GRÖSSE

ca. 48 cm

MATERIAL

- Baumwoll- oder Leinenstoff in Mint, 40 cm x 50 cm
- Baumwoll- oder Leinenstoff in Grüntönen, 12 cm x 50 cm
- Gummiband, 25 cm
- Streifen aus veganem Leder, 2,5 cm x 35 cm

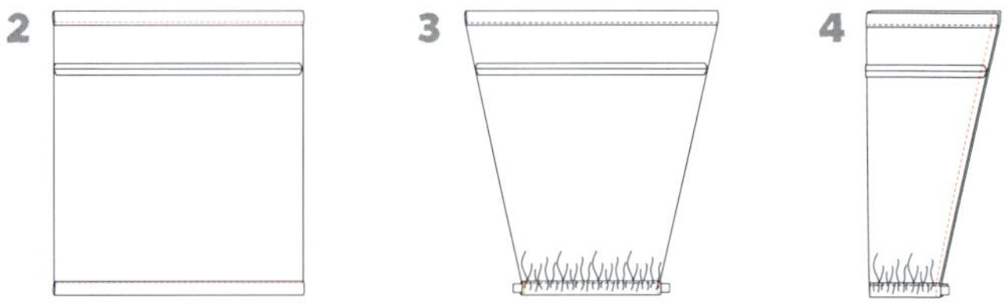

Ein umwelt-
freundlicher
Küchenhelfer

KABELBÄNDIGER

„BÄNDIGER“ IST DER PERFEKTE NAME für diesen unauffälligen Stoffstreifen, denn er diszipliniert die widerspenstigen Kabel an Bügeleisen, Pürierstab, Mixer und Co., die sich im Schrank gerne verheddern. Nun wird das Kabel einfach ordentlich aufgewickelt und mithilfe des Kabelbändigers direkt am Griff oder an der schmalsten Stelle des Gerätes fixiert. Die Länge des hier verwendeten Bandes passt eigentlich prima auf die gängigsten Kleinelektrogeräte. Schaut aber gerne, ob ihr es noch für eure Bedürfnisse optimieren könnt.

GRÖSSE

ca. 29 cm x 5,5 cm

MATERIAL

- 2 Stoffstreifen aus Baumwoll- oder Leinenstoff in Grüntönen, 30 cm x 7 cm
- Klettband, 28 cm

1 Die beiden Einzelstreifen des Klettbandes jeweils längs mittig auf den Stoffstreifen feststecken und rundherum festnähen, dabei am oberen und unteren Ende des Bandes jeweils ca. 1 cm Abstand zur Stoffkante einhalten.

2 Auf die Klettbandseite mit den Haken ein separates Gegenstück mit Schlaufen legen. Das ist wichtig, damit der Wendevorgang nachher funktioniert.

3 Beide Stoffstreifen rechts auf rechts aufeinanderlegen, feststecken und rundherum füßchenbreit absteppen, dabei die obere Schmalseite offen lassen.

4 Ecken abschneiden, den Streifen wenden und bügeln.

5 Die Nahtzugaben an der Wendeöffnung ca. 0,5 cm nach innen einschlagen. Den Streifen rundherum knappkantig absteppen und dabei die Öffnung schließen.

1

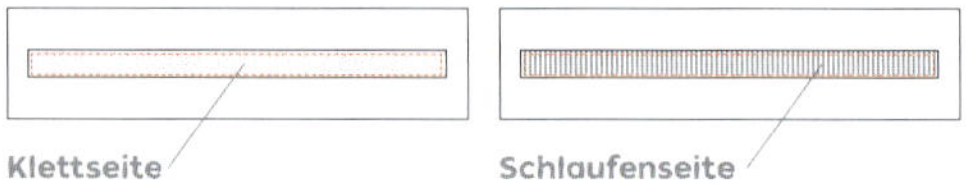

2

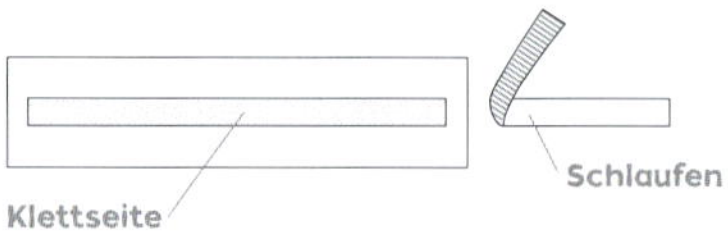

3

MANCHMAL MUSS MAN TRICKSEN! Die Küche ist aufgeräumt, aber es fehlt die Zeit zum Backen und man hat gerade beim Konditor einen netten kleinen Kuchen für den Schwiegermutterbesuch erstanden? Schnell eine kleine Pfanne mit Wasser, Vanilleextrakt und Zimt auf dem Herd erhitzen. Und schon riecht es zumindest so, als ob man den ganzen Tag in der Küche gestanden hätte …

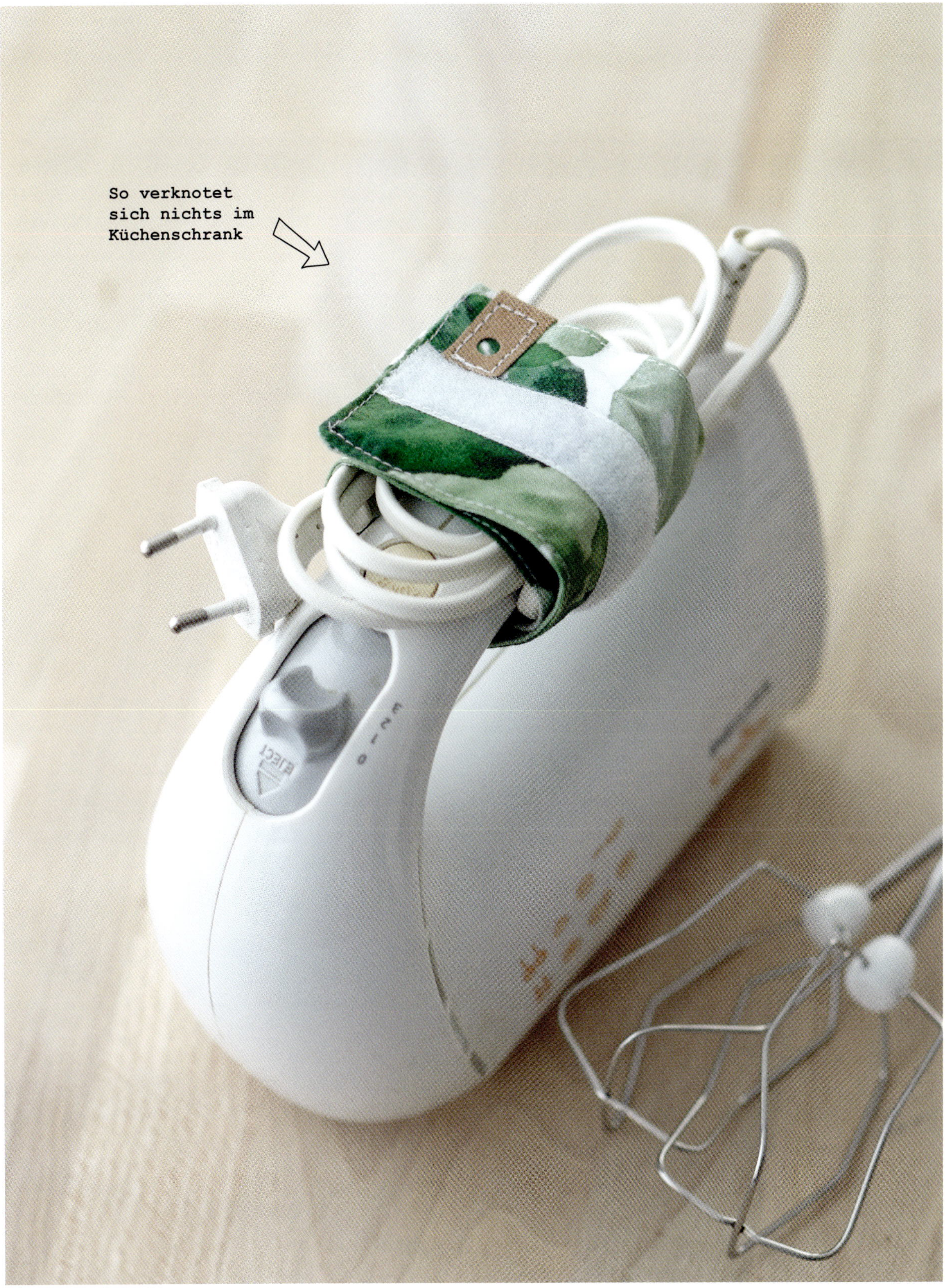
So verknotet
sich nichts im
Küchenschrank

Einfach wischen und
ab in die Wäsche!

KÜCHENROLLE

KÜCHENPAPIER IST EINE TOLLE SACHE: immer bereit, schnell ein Malheur aufzunehmen. Für die Umwelt ist die Variante aus Papier jedoch weniger großartig. Näht man sie sich selbst, kann man beides vereinen – den praktischen Zweck und die Umweltfreundlichkeit.

Die „Abreißfunktion" einer normalen Küchenrolle übernimmt hier der Frottee aus Mikrofaser, der alles durch seine statische Aufladung aneinanderhält.

GRÖSSE

25 cm x 25 cm

MATERIAL

- Baumwollstoff, 10x 26 cm x 26 cm
- Frottee aus Mikrofaser (gerne auch alte Handtücher), 10x 26 cm x 26 cm

1 Jeweils 10 Quadrate 26 cm x 26 cm aus dem Frottee und dem Baumwollstoff zuschneiden.

2 Je ein Quadrat aus Frottee und Baumwolle rechts auf rechts legen und knappkantig zusammennähen. Dabei gerne einen Overlockstich verwenden oder die Nähte mit einem Zickzackstich versäubern, da der Frottee sehr leicht ausfranst. Zum Wenden an einer der Seiten eine Öffnung lassen.

3 Die Nahtzugabe an den Ecken abschneiden, alles wenden und bügeln.

4 Die Öffnung zustecken und das Küchentuch nochmals an der Kante entlang absteppen, damit sich bei späteren Wäschen nichts verschiebt. Dabei die Öffnung mit schließen.

5 Zum Schluss alle Tücher übereinander lappend hinlegen und aufrollen.

Hinweise: Sowohl Frottee als auch Baumwollstoff müssen vor Arbeitsbeginn mit 60 Grad vorgewaschen werden, da sie ja auch im späteren Einsatz heiß gereinigt werden.

Ich habe auf Knöpfe oder Klettband, die die Tücher zusammenhalten, aus Hygienegründen verzichtet. Denn die Erfahrung hat gezeigt, dass gerade bei Klettverschlüssen trotz gründlicher Wäsche gerne Haare oder Fussel haften bleiben und die Tücher dadurch schnell schmuddelig aussehen.

PFANNENSCHONER

HOCHSTAPELN IST SUPER, wenn man Platz in der Küche schaffen will! Leider verkanten sich aber Schüsseln sehr gerne und die edle Teflonpfanne ist eine Zicke, wenn es um Kratzer geht.

Um die empfindlichen Materialien zu schützen, legt man einfach die Schoner dazwischen, die übrigens wirklich schnell hergestellt sind!

GRÖSSE

ø ca. 27 cm

MATERIAL

- Filzplatten in Weiß, 4 mm dick, 35 cm x 35 cm
- Reste von veganem Leder

SCHNITTMUSTERBOGEN B

1 Die Schnittvorlage jeweils auf eine Filzplatte auflegen, die Kontur mit Bleistift nachzeichnen und ausschneiden.

2 Kleine Dekoelemente aus veganem Leder ausschneiden und beliebig aufnähen.

ZITRONE IN DIE SPÜLMASCHINE Irgendwie riecht die Spülmaschine immer etwas ungut – egal wie alt oder neu das Gerät ist. Dem kann man mit Zitronenscheiben im Besteckkasten entgegenwirken, so braucht man außerdem keinen Klarspüler mehr. Zwei Fliegen mit einer Klappe!

NO-WASTE-BEUTEL

REIN IN DIE EINKAUFSTASCHE mit diesen Säckchen! Denn sie ersetzen beim Einkauf die Plastik- und Papiertüten, in die man Obst und Gemüse verpackt. Ein kleiner Schritt für eine saubere Umwelt!

Achtet darauf, dass die Beutel aus einem leichten, dünnen Material genäht und möglichst durchsichtig sind, damit es an der Kasse keine Probleme gibt und ihr kein zusätzliches Gewicht bezahlen müsst.

GRÖSSE

ca. 38 cm x 33 cm

MATERIAL

- Mesh- oder Gardinenstoff in Weiß, 2x 40 cm x 35 cm
- Zugband in Weiß oder Mint, 90 cm

1 Die Stoffteile aufeinanderlegen und gut zusammenstecken, da das Material sehr glitschig ist. Die Seitennähte und die untere Naht schließen. Wer es besonders ordentlich mag, benutzt französische Nähte.

2 Etwa 3 cm vom oberen Rand entfernt ein Knopfloch einnähen.

3 Den oberen Rand jeweils 1 cm doppelt einschlagen, sodass das Knopfloch nach außen zeigt, feststecken und einen Tunnel nähen.

4 Das Säckchen auf rechts wenden und das Band durch das Knopfloch in den Tunnel ziehen.

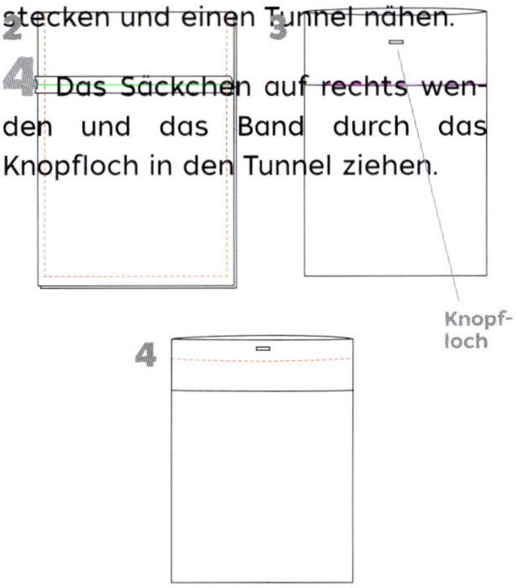

Büro & Schreibtisch

Ordnung im Büro ist so eine Sache. Man kann sich damit ewig aufhalten – zu viel Papier, zu viel Unerledigtes, der Schreibtisch ist voll. Und man mag gar nirgendwo anfangen, weil man Angst hat, dass ein Schritt schon das komplette Chaos hervorrufen kann. Dabei ist es egal, ob man nur eine kleine „Büroecke", ein riesiges Homeoffice oder ein Firmenbüro hat: Das Büro ist der Angstgegner des Aufräumenden …

Sonntag
24
Samstag
23
Freitag
22
Donnerstag
21
Mittwoch
20
Dienstag
19
Montag
18
Seralon
200 m
100m

Eigentlich wissen wir alle, dass Unordnung uns nur unnötig Zeit und Energie kostet, die man auf der Suche nach wichtigen Dokumenten oder Büromaterial verbringt! Also ran an die Papierstapel:

1. SCHREIBTISCH FREI RÄUMEN

Runter mit allem – vom Computer bis zum Papierstapel! Der Schreibtisch soll komplett leer sein. Darauf zurück darf dann die „Minimalbesetzung": In Greifnähe sollten die Sachen stehen, die sofort benötigt werden. Für die meisten bedeutet das, dass ein Monitor und eine Tastatur bzw. ein Notebook, das Telefon, zwei Stifte, eine Lampe und vielleicht ein Foto bleiben darf. Nicht mehr! Die Kugelschreibersammlung, Papierstapel und alte Kaffeetassen müssen leider verschwinden, um Ablenkungen zu reduzieren. Keine Dinge von Familienmitgliedern, kein Spielzeug, keine Tech-Gadgets!

2. SCHUBLADEN LEEREN

Wie bei der Schreibtischoberfläche müssen nun auch die Schubladen komplett leer geräumt werden! Ausnahmslos. Als Erstes werden sie ausgewischt und für einen Neustart bereit gemacht. In der obersten Schublade oder der, die am nächsten liegt, wird der Bürobedarf organisiert. Hier kommt alles an Utensilien rein, was wir von der Schreibtischplatte verbannt wurde und trotzdem leicht zugänglich sein sollte: Stifte, Klebeband, Hefter, Büroklammern und Umschläge. Kleine Boxen in der Schublade sorgen dafür, dass nicht alles wild herumfliegt.

>> **Übrigens: Gute Geister kann man im Büro immer gebrauchen – deswegen haben die Office-Ideen kleine Lederlabels bekommen, die uns daran erinnern sollen, dass Ordnunghalten nicht immer eine ernste Angelegenheit ist …**

3. PAPIER SORTIEREN

Das papierlose Büro gibt es nicht – ich kenne kein Büro, das nicht irgendwo Papierstapel verbirgt! Also muss auch hier aufgeräumt werden. Eigentlich ist es einfach: Erledigte Projekte werden in Ordner oder Hängeregister abgelegt. Die Ordnerstruktur muss jeder für sich selbst entscheiden, da man unterschiedliche Bedürfnisse hat: chronologisch, alphabetisch, nach Kunden … Die neueste Korrespondenz sollte man jedoch immer nach oben packen – so findet man sie ganz schnell wieder.

Aktuelle Projekte sortiert man am besten in Hängeregister oder Ablagekörbe ein. Es macht vieles einfacher, wenn man laufende Vorgänge farblich kennzeichnet. Vielleicht benutzt man diese Kennzeichnung sogar für die Dateiordner auf dem Computer. So hat man ein stringentes und klares System. Die Beschriftung nicht vergessen!

4. FÜR RUHE SORGEN

Klare Strukturen, ein aufgeräumter Schreibtisch, cleanes Design – damit suggerieren wir unserem Unterbewusstsein, dass alles geordnet ist und wir unsere Business-Seite des Lebens im Griff haben. Warum nicht diesen wunderbaren Trick nutzen und uns ein gutes Gefühl geben, wenn wir unseren Arbeitsplatz betreten? Mit diesem Empfinden gehen wir gleich viel entspannter an unsere Aufgaben und können sie im Handumdrehen erledigen.

Und noch ein Tipp für ein „aufgeräumteres" Lebensgefühl im Office: Oft herrscht ein wildes Ordnerchaos, obwohl alles sauber abgelegt ist. Ein roter Ordner mit Kleberücken neben einem grünen Ordner mit Einschiebelasche, der nächste ist mit Hand beschriftet, der übernächste mit einem Beschriftungsgerät. So sieht es unordentlich und unruhig aus, obwohl eigentlich alles prima sortiert ist. Sucht euch ein bis zwei Ordnerfarben aus und vereinheitlicht die Rückenetiketten und die Ordnerbeschriftung. Schon ist alles perfekt und gibt dem Auge Ruhe.

KABELSORTIERER

WAS IN DER KÜCHE PRAKTISCH IST, hilft im Büro allemal! Diese Klettsortierer bändigen jedes Kabelgewirr: das PC-Kabel, das sonst wild herunterhängt, die Steckdosenleiste, die man nun kompakt verstauen kann, das Ladekabel des Handys oder die Kopfhörer. In der kleinen Version sind die Bändchen auch perfekt für die Handtasche oder auf Reisen.

Einfach die passende Größe auswählen und den Kabelsalat in den Griff bekommen!

GRÖSSE

ca. 28 cm x 5 cm, 48 cm x 10 cm und 13 cm x 6,5 cm

MATERIAL

KLEINE VERSION (FÜR KOPFHÖRER UND KLEINE KABEL)

- 2 Stoffstreifen aus Baumwollstoff mit Chevronmuster in Blau-Weiß, 15 cm x 8 cm
- Klettband, 7 cm

MITTLERE VERSION

- 2 Stoffstreifen aus Baumwollstoff mit Chevronmuster in Blau-Weiß, 30 cm x 7 cm
- Klettband, 28 cm

GROSSE VERSION (Z.B. FÜR STECKDOSENLEISTEN)

- 2 Stoffstreifen aus Baumwollstoff mit Chevronmuster in Blau-Weiß, 50 cm x 12 cm
- Klettband, 48 cm

KLEINE VERSION

1 Die beiden Einzelstreifen des Klettbandes jeweils 2 cm vom Rand entfernt quer auf der rechten Seite der Stoffstreifen feststecken und rundherum festnähen, dabei am oberen und unteren Ende des Bandes jeweils ca. 0,5 cm Abstand zur Stoffkante einhalten.

2 Beide Stoffstreifen rechts auf rechts so aufeinanderlegen, dass die Klettverschlussteile entgegengesetzt zueinander liegen, und rundherum füßchenbreit absteppen, dabei eine Schmalseite offen lassen.

3 Ecken abschneiden, den Streifen wenden und bügeln.

4 Die Nahtzugaben an der Wendeöffnung ca. 0,5 cm nach innen einschlagen. Den Streifen rundherum knappkantig absteppen und dabei die Öffnung schließen.

1

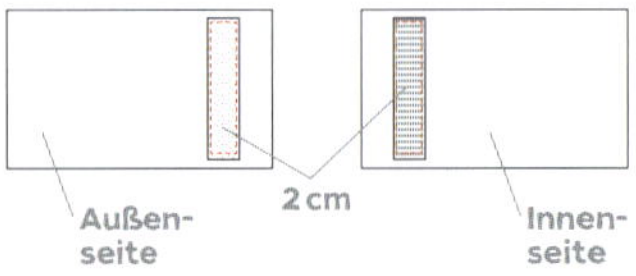

2

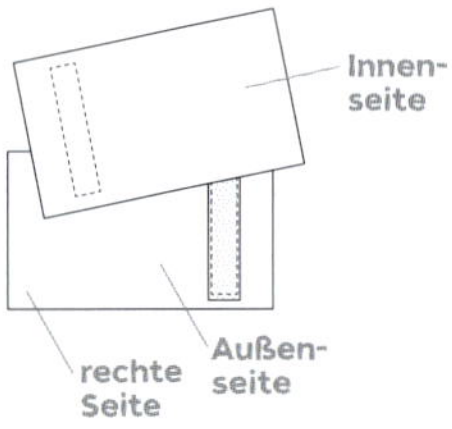

MITTLERE UND GROSSE VERSION

1 Die beiden Einzelstreifen des Klettbandes jeweils längs mittig auf den Stoffstreifen feststecken und rundherum festnähen, dabei am oberen und unteren Ende des Bandes jeweils ca. 1 cm Abstand zur Stoffkante einhalten.

2 Auf die Klettbandseite mit den Haken ein separates Gegenstück mit Schlaufen legen. Das ist wichtig, damit der Wendevorgang nachher funktioniert.

3 Beide Stoffstreifen rechts auf rechts aufeinanderlegen, feststecken und rundherum füßchenbreit absteppen, dabei die obere Schmalseite offen lassen.

4 Ecken abschneiden, den Streifen wenden und bügeln.

5 Die Nahtzugaben an der Wendeöffnung ca. 0,5 cm nach innen einschlagen. Den Streifen rundherum knappkantig absteppen und dabei die Öffnung schließen.

1

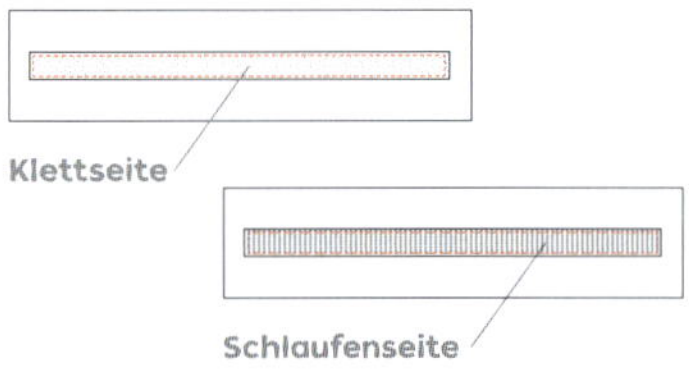

2

3

Nie mehr
Kabelsalat!

ZEITSCHRIFTENAUFHÄNGER

STATT STÖRENDE STAPEL auf dem Tisch zu bilden, hängen hier die wichtigsten Magazine griffbereit an der Wand!

Der Aufhänger ist ohne großen Aufwand genäht und beliebig verlängerbar, wenn man ein Zeitschriften-Junkie ist.

GRÖSSE

ca. 42 cm

MATERIAL

- Fester Baumwollstoff oder Canvasstoff in Dunkelblau, 3x 48 cm x 33 cm
- Holzkleiderbügel mit Querstange

1 Jedes Stoffteil in Längsrichtung rechts auf rechts zur Hälfte falten, bügeln, feststecken und an der Längsseite zusammennähen.

2 Jeden Stoffschlauch wenden und bügeln.

3 Den ersten Schlauch nun quer in der Mitte zusammenfalten.

4 Den zweiten Schlauch glatt ausgebreitet hinlegen und darauf den zusammengelegten ersten Schlauch platzieren, sodass die Umbruchkante ca. 10 cm vom unteren Rand des zweiten Schlauchs entfernt ist.

5 Die Oberkanten des gefalteten Schlauchs feststecken und annähen.

6 Die zusammengenähten Teile umdrehen und nun das lange Schlauchstück nach oben zur Hälfte legen. Dabei sollte die Naht nicht mehr zu sehen sein.

7 Den letzten Schlauch auf die beiden gefalteten Stoffstücke legen, sodass die unteren Kanten aufeinanderliegen. Die oberen Kanten des zweiten gefalteten Stücks am letzten Schlauch feststecken und annähen.

8 Den letzten Schlauch nun ebenfalls falten und um die Stange des Kleiderbügels legen.

9 Alle Stofflagen unterhalb der Querstange des Bügels zusammennähen.

1

3

4+5

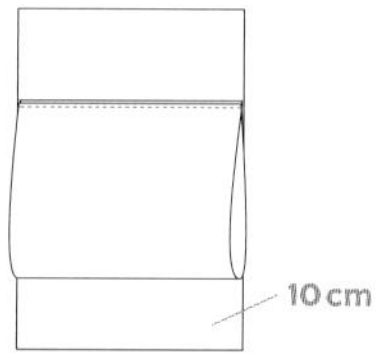

8

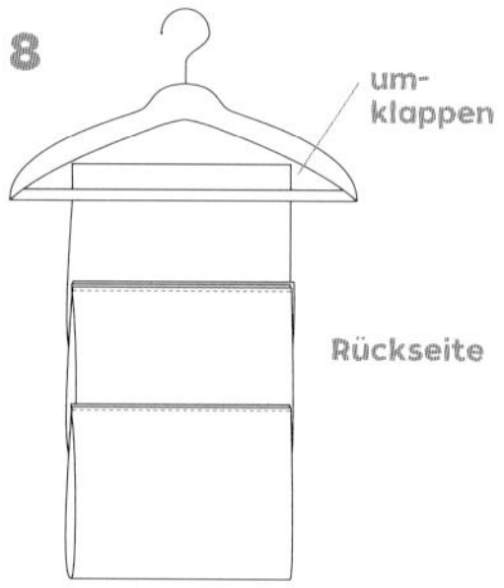

6

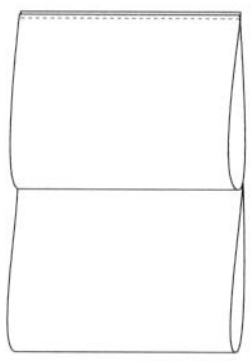

7

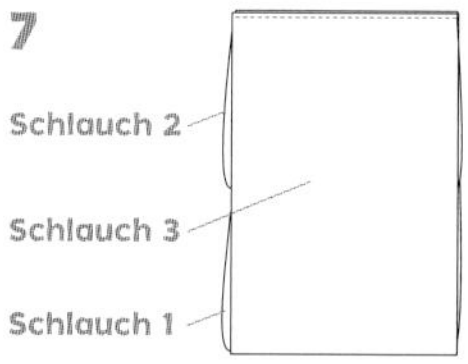

Rollen statt Stapeln = finden statt suchen

AUFBEWAHRUNGSSCHALE

KLEINE SCHÄLCHEN kann man nie genug haben: Büroklammern, Radiergummis und Co. bekommen so eine aufgeräumte Heimat. Auch als Schlüsselaufbewahrung im Flur oder zum Schnullersammeln im Kinderzimmer sind die Schälchen optimal geeignet.

Man kann sie übrigens in vielen Größen nähen – je größer, desto fester muss die Einlage sein, damit die Ränder Stand haben.

1 Die Vlieseinlage auf das äußere Stoffteil bügeln.

2 Beide Stoffteile rechts auf rechts aufeinanderlegen, feststecken und zusammennähen, dabei eine Öffnung zum Wenden lassen. Ecken abschneiden, wenden und bügeln.

3 Die Stofflagen einmal rundherum knappkantig absteppen und dabei die Wendeöffnung schließen.

4 Die Innenseite der Schale nach oben legen. Von allen vier Ecken aus 5 cm diagonal zur Mitte hin abmessen und auf dem Stoff mit Stecknadeln markieren.

5 Die Ecken schräg zusammenfalten und zusammenstecken, sodass die Stoffkanten aufeinanderliegen.

6 Von der Markierung aus nun gerade nach unten nähen, um die Körbchenecken zu bilden, dabei Anfang und Ende der Naht gut sichern. An allen vier Markierungen wiederholen.

GRÖSSE

ca. 16 cm x 16 cm

MATERIAL

- Baumwollstoff mit Muster in Altrosa und Grau, 2x 20 cm x 20 cm
- Vlieseinlage, 20 cm x 20 cm

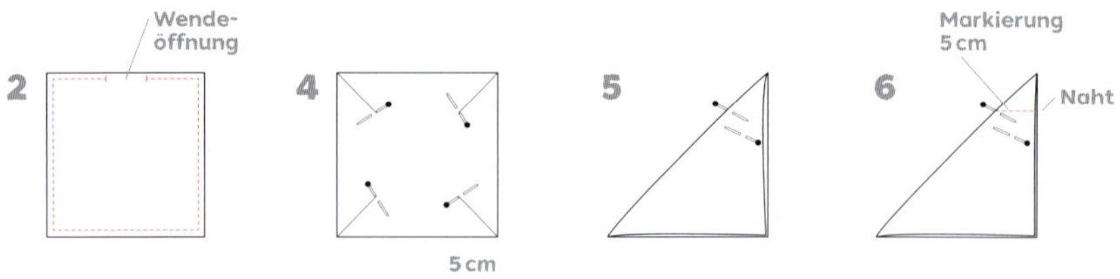

Ordnung –
nicht nur
fürs Büro!

LADESTATION

NIE WIEDER DAS HANDY SUCHEN! Diese „Ladetasche" vereint die Aufbewahrung und das Laden. An einer Steckdose in der Nähe der Haustür ist das Handy so immer griffbereit und aufgefrischt für den nächsten Einsatz.

GRÖSSE

ca. 12 cm x 20 cm

MATERIAL

- Filzplatten in Weiß, 4 mm dick, 2x 20 cm x 12 cm
- Baumwollstoff mit Chevronmuster in Blau-Weiß, 14 cm x 23 cm

SCHNITTMUSTERBOGEN A

ZUSCHNITT

- Schnittteil „Ladestation", 2x aus Filz

1 Die Filzplatten aufeinanderstecken und rundherum entweder mit einem Zickzack oder einem normalen Nähstich zusammennähen, damit die Rückwand einen guten Stand bekommt.

2 Das Loch für den Stecker anzeichnen und mit einem Cutter oder einer spitzen Schere ausschneiden. Die Lochkanten ebenfalls zusammensteppen.

3 Den Taschenstoff in Querrichtung rechts auf rechts zur Hälfte falten, bügeln und unten und an den Seiten zusammennähen, dabei an einer Seite eine Öffnung zum Wenden lassen.

4 Ecken abschneiden und die Tasche wenden Die Öffnung und die beiden Seitenkanten jeweils ca. 1 cm nach innen bügeln.

5 Das Taschenteil rechts und links knappkantig auf dem Filz festnähen, dabei an den Enden mehrmals vor und zurück nähen und so die Naht verriegeln.

6 Eine Tasche formen, indem die Ränder rechts und links eingeklappt werden. Gut feststecken und nun den unteren Rand festnähen.

5

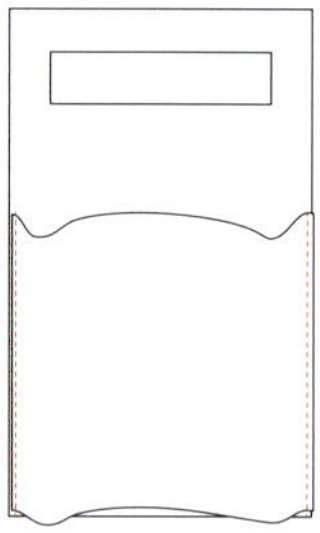

6

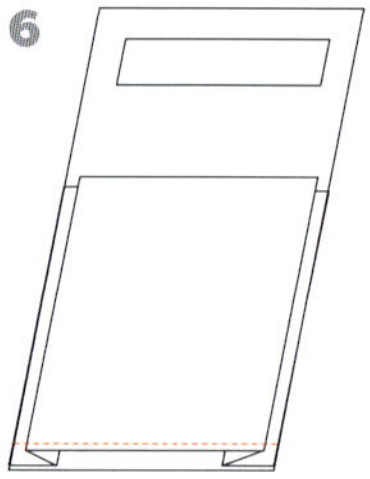

HANDY SCHNELLER LADEN **Der Akku ist irgendwie immer leer? Wenn es einmal ganz schnell gehen muss beim Ladevorgang, dann solltet ihr das Handy in den Flugmodus schalten.**

Neue Energie und dekorativer Platz für das Handy

FÜSSCHENBREITE NAHT

Die zusammengesteckten Stofflagen mit geradem Stich zusammennähen, dabei liegt die Kante des Nähfüßchens am Stoffrand. Die Nahtlinie verläuft so 7 mm von der Stoffkante entfernt.

NAHT VERRIEGELN

Anfang und Ende der Naht befestigen, indem jeweils einige Stiche vor und zurück genäht werden.

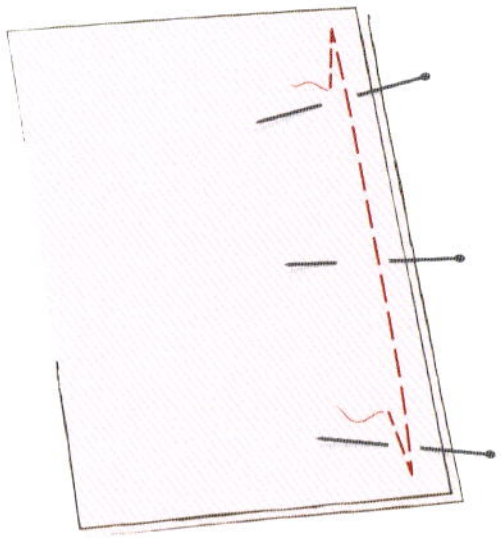

KNAPPKANTIG ABSTEPPEN

Zur Fixierung von mehreren Stofflagen eine Naht mit geradem Stich mit etwa 2-4 mm Abstand zum Stoffrand nähen. In manchen Fällen ist auch eine Steppnaht mit 1 cm Abstand hilfreich.

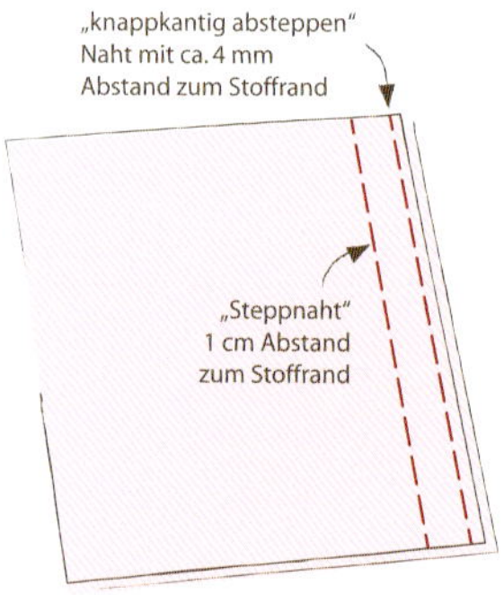

NAHTZUGABEN VERSÄUBERN

Damit die Nahtzugaben später nicht ausfransen, werden sie versäubert. Dazu entlang der Nahtzugaben die Stoffränder mit Zickzackstich nähen (Stichbreite 4 mm, Stichlänge 2,5 mm). Dabei sticht die Nadel einmal in den Stoff und einmal rechts daneben ins Leere.

NAHTZUGABEN EINSCHNEIDEN

Damit die Nahtzugaben an Ecken und Rundungen nach dem Wenden beim fertigen Nähstück nicht auftragen und einen Wulst bilden, werden sie vor dem Wenden zurück- oder eingeschnitten. Nach dem Wenden die Nähte stets flach bügeln.

Die Nahtzugabe an Ecken bis 2 mm vor der Naht schräg abschneiden.

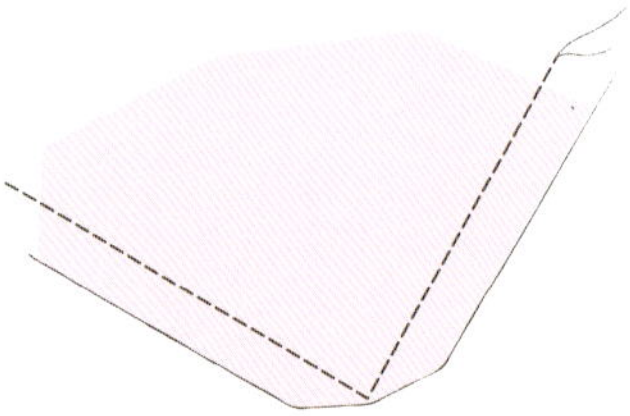

Die Nahtzugabe an Außenrundungen mehrmals bis 2 mm vor der Naht v-förmig einschneiden.

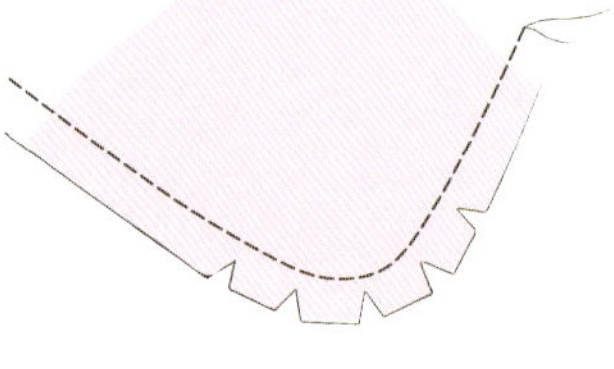

Die Nahtzugabe an Innenrundungen mehrmals gerade bis 2 mm vor der Naht einschneiden.

ECKEN NÄHEN

1 Eine gerade Naht bis 1 cm vor Stoffende in die Ecke nähen. Die Nadel in den Stofflagen stecken lassen, ggf. manuell einstechen.

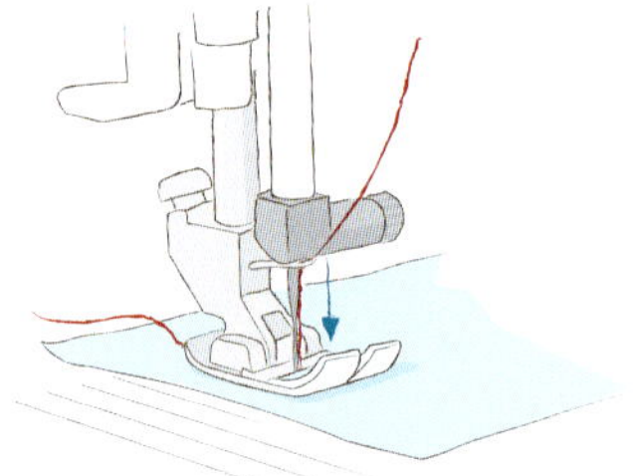

2 Das Nähmaschinenfüßchen anheben und den Stoff um die Ecke drehen.

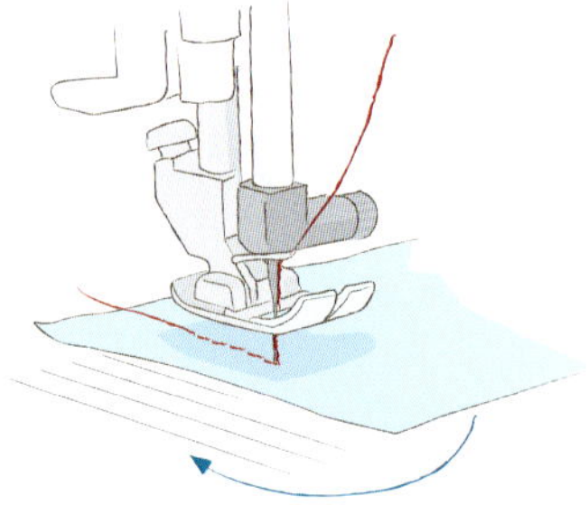

3 Das Füßchen absenken und die Naht in die neue Richtung fortsetzen.

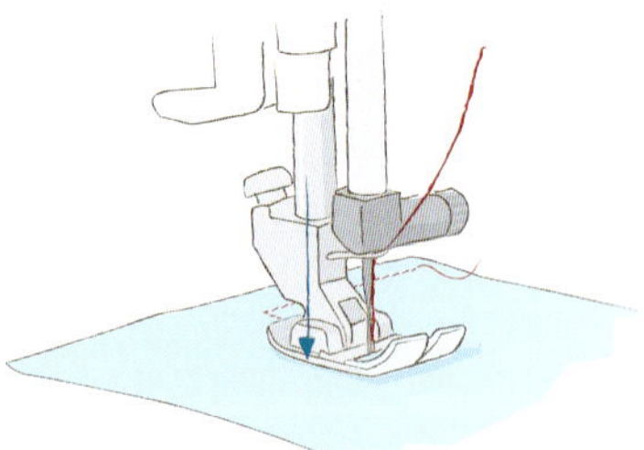

RUNDUNG NÄHEN

1 Zum Annähen eines geraden Stoffstücks an eine Rundung den geraden Stoff an der Nahtzugabe mehrere Male knapp einschneiden, um den Bogen legen und mit Stecknadeln fixieren.

2 Dann die beiden Stoffe zusammennähen. Darauf achten, dass die Naht neben den Einschnitten verläuft und die Einschnitte nach dem Wenden nicht sichtbar sind.

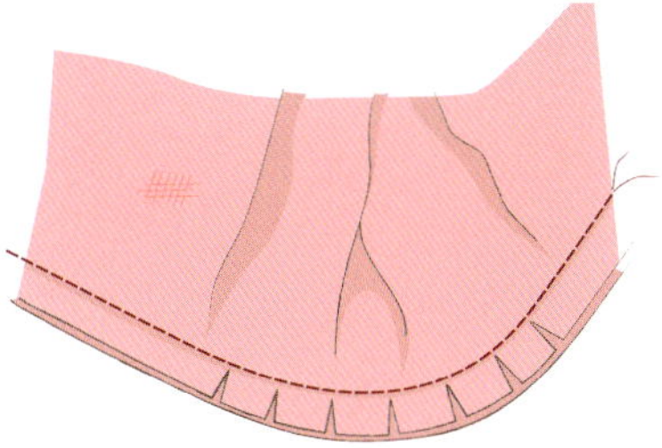

WENDEÖFFNUNG

Um zusammengenähte Stoffteile auf rechts wenden zu können, wird meist eine mehrere Zentimeter lange Wendeöffnung gelassen. Dabei wird die Naht an dieser Stelle unterbrochen. Bei Modellen aus Ober- und Futterstoff die Wendeöffnung im Futterstoff lassen, so ist sie später nicht mehr sichtbar. Wendeöffnungen möglichst in einer geraden Naht lassen.

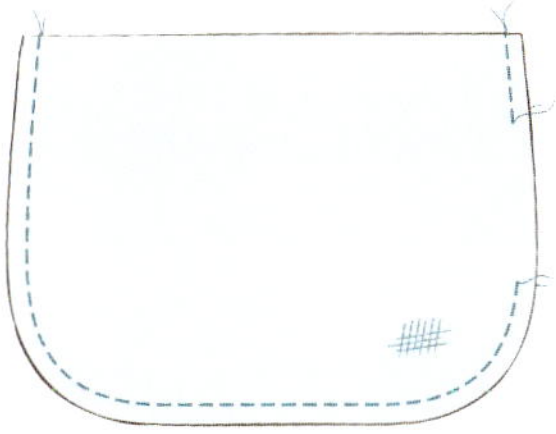

1 Bis zum Beginn der Wendeöffnung nähen und die Naht verriegeln.

2 Die Naht nach der Wendeöffnung zunächst wieder verriegeln und dann fortsetzen.

3 Zum Wenden das Nähstück durch die Wendeöffnung auf die rechte Seite stülpen.

VLIESEINLAGEN

Vlieseinlagen verleihen den Modellen Festigkeit und Formbeständigkeit. Es gibt sie in unterschiedlichen Stärken und für unterschiedliche Verwendungszwecke.

G405: Eine leichtere universelle Einlage mit kleinen Klebepunkten. Zum Aufbügeln ein feuchtes Tuch auf die Vlieseinlage legen, dann zwölf Sekunden auf Stufe ·· bis ··· bügeln.

S320: Die leichte Schabracken-Einlage gibt Halt und ist perfekt für Objekte mit leichter Standkraft. Zum Aufbügeln ein feuchtes Tuch auf die Vlieseinlage legen, dann 15 Sekunden auf Stufe ·· bis ··· Stück für Stück aufpressen.

S520: Diese Einlage ist stärker als S320 und gibt mehr Halt. Durch ihre Steifheit kann das Wenden schwieriger sein. Zum Aufbügeln ein feuchtes Tuch auf die Vlieseinlage legen, dann 15 Sekunden auf Stufe ·· bis ··· Stück für Stück aufpressen.

FRANZÖSISCHE NAHT

1 Zwei Teile links auf links legen, Stoffkanten zusammenstecken und mit Geradstich im Abstand von 6 mm zur Stoffkante zusammennähen. Die Nahtzugaben auf 3 mm zurückschneiden und auseinanderbügeln.

2 Stoff rechts auf rechts umfalten, sodass die Naht im Bruch liegt und die Stoffkanten der ersten Naht eingeschlossen sind. Mit einem Abstand von ca. 1 cm entlang der Nahtkante absteppen.

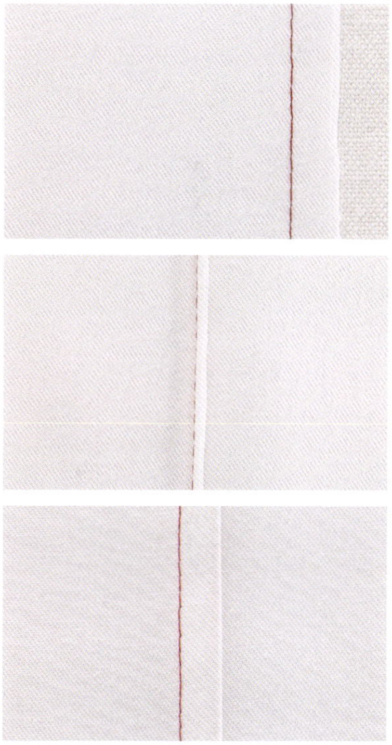

BUCHEMPFEHLUNGEN FÜR DICH

Noch mehr kreative Bücher zum gleichen Thema gesucht?

ISBN 978-3-7724-4976-5

ISBN 978-3-7724-4835-5

ISBN 978-3-7358-5187-1

ISBN 978-3-7358-7091-9

ISBN 978-3-7358-7117-6

ISBN 978-3-7724-4867-6

ISBN 978-3-7724-4860-7

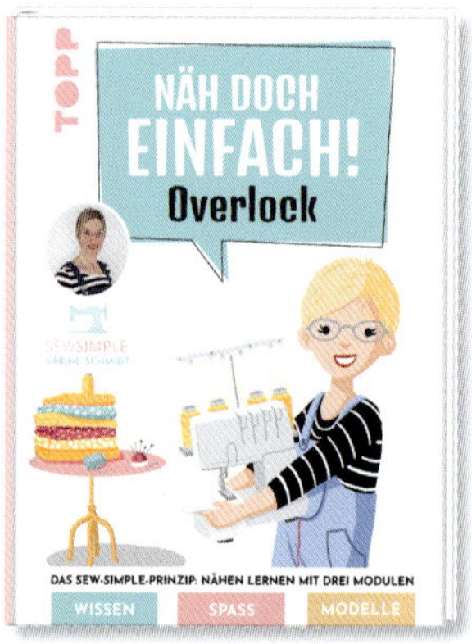

ISBN 978-3-7358-7010-0

ISBN 978-3-7724-4880-5

Noch mehr Kreativ-Bücher findest du auf www.TOPP-kreativ.de

DIE AUTORIN

Sabine Haag Als studierte Buchwissenschaftlerin liebt Sabine Haag Worte und Texte. Dazu bewahrte sie sich aus ihrer Kindheit ihre Begeisterung für Ordnung. Seit 2009 verbindet sie diese beiden Leidenschaften beim Bloggen und betreibt die Website Ordnungsliebe.net. Eine aufgeräumte Wohnung oder ordentlich sortierte Wäsche – perfekt! Leider geht es ihr wie vielen anderen und Bequemlichkeit, Zeitmangel oder ein gutes Buch halten sie vom Aufräumen ab. Also stellte sie sich die Frage: „Wie kann ich eine maximal ordentliche Wohnung mit minimalem Einsatz bekommen?" Das ist nun ihre Mission - viel Ordnung mit wenig Aufwand! Auf ihrem Blog gibt sie dazu praktische Tipps und Motivation rund um das Thema Organisieren. Zusammen mit ihrem Chaosteam (1x Musiker + 1x Teenager) lebt sie in Mainz und träumt neben einer aufgeräumten Wohnung von einem eigenen Raum für ihre DIY- und Nähprojekte, mehr Zeit für alle Ideen und Bücher und einem Händchen fürs Kochen (was ihr leider gar nicht liegt). Wer hautnah verfolgen möchte, ob das ein oder andere Rezept noch gelingt oder die Familie vielleicht doch zu Ordnung erzogen werden kann, kann ihr unter www.ordnungsliebe.net folgen.

Hilfestellung zu allen Fragen, die Materialien und Kreativbücher betreffen:
Frau Erika Noll berät Sie. Rufen Sie an: 0711/12375720* *normale Telefongebühren

Überarbeitete und erweiterte Neuauflage von TOPP 6486

Wir danken den folgenden Firmen für ihre Unterstützung bei diesem Buch:
fabfab GmbH, Scheuefeld, www.stoffe.de
freudenberg SE, Weinheim, www.freudenberg.de
Snaply GmbH, Au in der Hallertau, www.snaply.de
Stoff und Stil Deutschland GmbH, Halsenbek, www.stoffundstil.de

PRODUKTMANAGEMENT: Katrin Akyol, Lisa Sutor
LEKTORAT: Marianne Rudolph, Vaihingen/Enz
FOTOS: frechverlag GmbH, Dieselstraße 5, 70839 Gerlingen; lichtpunkt, Michael Ruder, Stuttgart
ILLUSTRATIONEN: Beate Schmitz, Stegen
LAYOUT: Petra Theilfarth
DRUCK UND BINDUNG: BALTO print, Litauen

4. Auflage 2024

ISBN 978-3-7724-6891-9 • Best.-Nr. 6891

MIX
Papier aus verantwortungsvollen Quellen
FSC® C107574
FSC www.fsc.org

Penguin Random House Verlagsgruppe
FSC® N001967